Goede Gendrich

Da schmunzeln nicht nur die Jäger

Goede Gendrich

Da schmunzeln nicht nur die Jäger

Landbuch

Schutzumschlag: Hans Held
Zeichnungen: Fritz Meinhard

Landbuch-Verlag GmbH, Hannover, 1996 (2. Auflage)

Lektorat: Marion Clausen, Frankfurt/M.
Satz: Druck und buchbinderische Verarbeitung:
Landbuch-Verlag GmbH, Hannover

ISBN 3 7842 0333 7

Inhalt

Vorwort

Als ich Ihnen, liebe Leser, 1982 in der Reihe „Humor und Jagd“ mein Buch „Oh, diese Jäger!“ vorstellte, um Sie mit den Menschen in der ländlichen Idylle, mit ihren Schwächen und Leidenschaften, ihrem Frohsinn und Übermut bekannt zu machen, fand ich eine so freundliche Resonanz, daß ich heute gerne der Anregung des Landbuch-Verlages nachkomme, Sie nochmals mit heiteren Geschichten in die geruhsame und doch so daseinsfreudige Welt des Dorfes zu entführen.

Wer immer auf dieser Bühne agiert, mit ihren Seen und Wäldern als Kulisse, setzt sich dem Witz und dem Gespött, dem Neid und der Gunst, dem Scherz und dem Schabernack seiner Mitmenschen aus. Nirgends blühen die Rosen schöner und stechen die Dornen schärfer als hier, und nirgends offenbaren sich die Menschen in ihren Empfindungen und Äußerungen so drastisch wie auf dieser ihnen ureigenen Bühne.

Lassen Sie uns also wieder gemeinsam der Heiterkeit die Tür öffnen. Sie ist als Humor eine Währung des Herzens und als Witz eine Währung des Geistes – und damit eine der wertvollsten Münzen unseres irdischen Daseins.

Goede Gendrich

Döntjes auf dörflicher Bühne

Können Sie sich vorstellen, liebe Leser, Sie müßten auf Telefon und Auto, auf Radio und Fernsehen und selbst auf das elektrische Licht in Ihrem Haus verzichten? Würden Sie nicht befürchten, ohne die vielfältigen Kommunikationsmittel unserer modernen Zeit geistig zu verkümmern oder vor Langeweile zu sterben? Noch vor kaum mehr als einem halben Jahrhundert mußten Menschen unter so armseligen Verhältnissen leben. Gewiß, in den Städten gab es Theaterhäuser und hier und dort bereits ein Kino, ein Lichtspielhaus. Auf dem Land aber – wie entsetzlich muß es dort ohne Filme, ohne Tanzkapellen und ohne Theaterstücke gewesen sein!?

Sie werden es sich kaum vorstellen können, doch selbst in dem einsamsten Dorf hatten die Leute ihre Bühne und ihre Schauspieler, und in jedem Stück, ob Lustspiel oder Tragödie, agierten sie zumeist selbst. Echter und faszinierender als das Leben auf den Brettern, die die Welt bedeuten, erschien ihnen das Leben auf ihrer Dorfstraße mit den Wäldern und Seen ringsum als Kulisse. Und mit den Helden und Sündern, die sich auf dieser Bühne so ungemein lebensnah produzierten, konnte sich ihres Erachtens kein noch so professioneller Mime messen.

Mancher Roman, dessen Inhalt nichts an Faszination verlor, wurde gar über ungezählte Jahre hin in Fortsetzungen gespielt und bot uns im Forsthaus meines Vaters unerschöpflichen Gesprächsstoff. Da gab es den seit einer Generation anhaltenden Streit zwischen dem Fischereipächter und dem Mühlenbesitzer unseres Dorfes. Der Mühlenbesitzer unterhielt in dem das Dorf teilenden, zwei nahe Seen verbindenden Kanal einen Aalfang. Das Wasser des Kanals floß durch einen überbauten, abgeschrägten Lattenrost und riß die Aale über den Rost hinweg geradewegs in einen darunterliegenden Kasten, aus dem der Mühlenbesitzer sie nur aufzuklauben brauchte. In schwülen Gewitternächten, wenn die Aale liefen, brachte er es mitunter auf einen Fang, der dem Wert eines Schweines gleichkommen konnte.

Der Fischereipächter hatte bereits Ende des vorigen Jahrhunderts vor dem Kadi dem Mühlenbesitzer die alte Fischereigerechtsame bestritten. Jahre waren darüber mit dem Wälzen uralter Regresse und Pandekten hingegangen, gebracht hatte es ihm nichts. Doch er hatte sich selbst zu helfen gewußt: mit einer Sperre eng aneinanderliegender Aalkörbe am Zufluß vom See zum Kanal hatte er dem Mühlenbesitzer jeden Fang unmöglich gemacht. Wieder war der Streit zwischen den beiden Kontrahenten ausgebrochen, und wieder hatte es viele Jahre bis zur Klärung des erneuten Prozesses gedauert, dessen salomonisches Urteil dahin gegangen war, daß der Fischereipächter den Kanal nur zur Hälfte mit Aalkörben sperren durfte.

Man hätte meinen sollen, nunmehr wäre der Streit beendet; die beiden Gegner waren darüber alt geworden, und auch den Richtern waren die Haare inzwischen ergraut. Im Dorf aber gingen sich die beiden immer noch aus dem Weg, argwöhnisch der Mühlenbesitzer und auf neue Finessen sinnend der Fischereipächter.

Vor einem Jahr dann war es offenbar geworden: Der Fischereipächter hatte den Kanal oberhalb der Mühle für die Aale zur Slalomstrecke ausgebaut; in vier Intervallen hatte er abwechselnd die linke und die rechte Hälfte des Kanals mit Aalkörben gesperrt. Wieder wälzten die Richter uralte Akten und zerbrachen sich die Köpfe angesichts der Tatsache, daß der Fischereipächter den Kanal, wenn auch jeweils an mehreren Stellen, so doch stets nur zur Hälfte für die Aale gesperrt hatte.

Im Dorf glaubte keiner, daß der Prozeß um den Aalfang noch in diesem Jahrhundert zu Ende gehen würde. Es wäre auch schade gewesen, hätte es keine Fortsetzung dieses spannenden, die Gemüter erheiternden Lustspiels mehr gegeben. Doch eines Abends, nach dem Schnepfenzug, durfte ich dem größten Regisseur aller Bühnen dieser Welt, dem Herrgott, ein wenig über die Schultern schauen. Im Grasgarten am Kanal sah ich den Enkel des Fischereipächters das gleichaltrige Mädel aus der Mühle im Mondschein küssen, und ich war sicher, der Herrgott würde es mit dem Aalfang schon auf seine Weise richten . . .

*

Ein unentbehrlicher, wenngleich keineswegs stummer Komparse unserer dörflichen Bühne war der Landbriefträger, ersetzte er noch vielen die Zeitung. Eines Tages, es war an einem Sonnabend im Herbst, brachte er meinen Eltern eine Postkarte, mit der sich für den nächsten Tag Verwandte zum Besuch ansagten.

„So kurzfristig! Wie denken sich die Verwandten das?" klagte Mutter dem Briefträger, nachdem sie die Karte gelesen hatte. „In dieser Jahreszeit ist das Pökelfleisch im Keller ausgegangen, und geschlachtet wird erst im nächsten Monat. Was soll ich meinem Vetter, seiner Frau und den beiden Kindern nur auf den Tisch bringen?"

„'nen Kalbsbraten!" antwortete ihr grinsend der Briefträger.

„Und woher nehmen und nicht stehlen? In der Stadt sind die Geschäfte längst geschlossen. Ich hätte sowieso keine Zeit, mit dem Kutschwagen dorthin zu fahren."

„Den Braten habe ich Ihnen mitgebracht. Ich habe mir gleich gesagt, was die Frau Gendrich ist, die kommt mit dem Besuch bestimmt in Verlegenheit."

„Sie sind ein Engel!" bedankte sich Mutter bei dem Briefträger. Daß er die Karte bereits in der Stadt gelesen hatte, nahm sie mit Humor hin, und auch daß nun gewiß das ganze Dorf schon von ihrem Besuch wußte, den wir am Sonntag erwarteten. Schließlich hatten die Leute Anspruch darauf zu erfahren, was in ihrem Dorf geschah.

Wir hatten oft Gäste im Forsthaus, Verwandte und Freunde aus der Stadt und aus den benachbarten Dörfern. Häufig blieben sie bis in die späte Nacht, bevor sie mit ihren Fahrrädern oder Pferdefuhrwerken heimfuhren. Sie sangen und zechten, während Mutter am Klavier saß und den Abend musikalisch untermalte. Mein Vater nahm auf Mutter nur selten Rücksicht, wenn er in seiner Gastfreundlichkeit Hinz und Kunz einlud, ohne viel danach zu fragen, welche Arbeit er ihr damit aufbürdete. Eine besondere Schwäche hatte er für Zigeuner, für das fahrende Volk.

So hatte er wieder einmal einen Abend mit den schwarzhaarigen „Söhnen der Pußta" arrangiert, zu dem er auch unseren Dorflehrer mit seiner Frau eingeladen hatte. Die beiden Zigeuner, mit der Geige in der Wiege geboren, spielten hinreißend; der eine am Klavier, der andere die Fiedel streichend. Vater war begeistert, und auch Mutter vergaß alsbald ihren Groll über die schon wieder geladenen Gäste. Für mich vierzehnjährigen Buben wurde dieser Abend zu einem Erlebnis. Wir konnten uns wünschen, was wir wollten, ob Volkslieder oder klassische Musik, die musikalische Palette der beiden Vaganten war so breit, daß sie uns mit jedem Stück zu dienen wußten. Selbst das Lieblingslied meines Vaters, „Die Uhr – Ich trage, wo ich gehe, stets eine Uhr bei mir . . .", trugen sie mit bewunderungswürdigem Können vor.

Am stärksten beeindruckt aber zeigte sich unser Dorflehrer; selbst musikalisch, lauschte er verzaubert dem betörenden Klang der Geige. Ein ungewöhnlich kostbares Instrument mußte es sein, dem der Zigeuner so himmlische Töne entlockte. Schließlich konnte er sich in seiner Begeisterung nicht mehr bremsen; offen bekundete er den Wunsch, sie zu besitzen.

„Und worauf soll ich dann spielen?“ fragte ihn der Zigeuner.

„Ich gebe Ihnen meine Geige und zahle Ihnen noch etwas drauf.“

„Da müssen Sie mir schon Ihre Geige zeigen! Wer weiß, was sie wert ist.“

„Goede“, wandte der Lehrer sich an mich, „lauf hinüber zum Schulhaus und laß dir meine Geige geben!“

Ich holte die Geige, der Zigeuner nahm sie mir skeptisch aus der Hand.

„Gute Durchschnittsware, mehr aber auch nicht“, meinte er. Dann spielte er abwechselnd auf seiner und auf des Lehrers Geige, und es unterlag keinem Zweifel, daß seine die weitaus klangvollere war. Nach einigem Feilschen, der Lehrer mußte ihm fast hundert Mark draufzahlen, wechselten die beiden Geigen ihren Besitzer. Der Lehrer war glücklich über den, wie er glaubte, so vorteilhaften Tausch.

Vierzehn Tage später spuckte der Lehrer Gift und Galle: Der Zigeuner hatte ihm die Geige eines benachbarten Kollegen angedreht, seine eigene hatte unser Pastor bekommen, und die Geige des Pastors war bei dem Kollegen des Nachbardorfes gelandet – ein Ringtausch, bei dem jeder der drei Gefoppten einen ansehnlichen Betrag hatte zuzahlen müssen. Keine der drei Geigen besaß einen außergewöhnlichen Wert, der Zigeuner hatte sie einzig durch sein virtuoses Spiel als besonders kostbare Instrumente erscheinen lassen.

Wieder war ein köstliches Lustspiel über unsere dörfliche Bühne gegangen, über das wir noch lange herzhaft und voller Schadenfreude lachten.

*

Apropos – unser Pastor! Er war ein entfernter Verwandter von uns, und wir beiden Buben, mein Bruder und ich, nannten ihn Onkel Pastor. Seinen Altruismus glaubte er, politisch ein wenig linkslastig, zusätzlich zu seinem geistlichen Amt im Rahmen einer entsprechenden Partei beweisen zu müssen. So verweigerte er denn auch seinen geistlichen Zuspruch nicht, als der Vorsitzende des Reichsbanners unseres Dorfes, ein Maurer, ihn bat, anläßlich einer Fahnenweihe seines Verbandes zu sprechen. Mit Marschmusik und der Internationalen ging die Zeremonie auf dem Dorfanger vor sich. Nachdem Onkel Pastor gesprochen hatte, bedankte sich der Maurer:

„Im Namen des Reichsbanners unseres Dorfes möchte ich Ihnen, hochverehrter Herr Pastor, bevor wir die von Ihnen geweihte Fahne in ihre Behausung tragen, für die trostreichen Worte herzlich danken!“

Offenbar erschienen ihm die Begriffe „Pastor“ und „trostreich“ als eine Art Synonym. Das schallende Gelächter, das unter den Zuschauern darüber ausbrach, verwirrte den biederen Maurer und ließ ihn eiligst von der Bühne verschwinden.

Nein, an Lustspielen fehlte es uns nur selten, und echter als heute im Fernsehen waren sie allemal.

Als Jochen, der Sohn Onkel Pastors, konfirmiert wurde, sollte es zum Abendessen Krebse geben. Auch meine Eltern und wir beiden Jungen waren zu der Feier eingeladen. Die Krebse zu dem Fest hatte ich besorgt. Zum Teil hatte ich sie dem von meinem Vater gepachteten See entnommen. Als ich hier nicht genug hatte fangen können – ich hatte fest versprochen, eine ausreichende Menge zu besorgen –, hatte ich den erforderlichen Rest aus den Krebskörben eines benachbarten Fischers geklaut.

Beim genüßlichen Verzehr der Krebse konnte es mein Bruder nicht lassen, Onkel Pastor zu fragen, wie ihm die Krebse schmeckten.

„Vorzüglich, mein Junge, ganz vorzüglich!“

„Und wenn ich dir erzähle, daß der Goede sie für euch geklaut hat?“

„Gemeine Petze!“ beschimpfte ich meinen Bruder, während Onkel Pastor verwirrt aufblickte.

„Du wolltest doch gerne wissen, was Onkel Pastor wohl für ein Gesicht machen würde, wenn er wüßte, daß er geklaute Krebse ißt? Nun siehst du es.“

„Ist das wahr, Junge?“ fragte mich Onkel Pastor. „Hast du die Krebse wirklich geklaut?“

„Ja, aber nur zwei Dutzend, die anderen sind aus unserem See.“

„Sag mal, was hast du dir eigentlich dabei gedacht?“

„Was sollte ich denn tun?! Ich hatte dir versprochen, genügend Krebse zu besorgen. Wenn ich mein Wort nicht brechen wollte, mußte ich eben klauen. Vater hat mir oft gesagt, zu seinem Wort müsse man in jeder Situation stehen.“

„Das stimmt!“ sagte mein Vater, und Onkel Pastor meinte: „Da bist du also in eine böse Zwickmühle geraten, armer Junge, und nun plagt dich dein Gewissen.“

„Nee, mich ärgert mein Bruder. Hätte er das Maul gehalten . . .“

„Den Mund!“ warf meine Mutter ein. „Benimm dich, Junge!“

„'ist ja auch egal! Dieb oder Wortbrüchiger – recht machen kann man es doch keinem.“

„Nun beruhige dich, Goede!“ schloß Onkel Pastor die Debatte. „Du hast mir eine Freude machen wollen, und das wollen wir anerkennen, indem wir uns die Krebse schmecken lassen.“

Genießerisch klaubte er sich einen nächsten Krebs aus der dampfenden Schüssel. Na also, dachte ich, wozu das

ganze Theater; ich hatte doch gewußt, daß ihm auch geklaute Krebse schmecken würden!

*

Der Stoff für unsere dörfliche Bühne ging uns an keinem Tag aus; bald waren es traurige, bald heitere Stücke. Nicht immer wußten wir, welcher Seite wir die eine oder andere Geschichte zuordnen sollten.

Eines Tages erzählte uns der Gutsbesitzer unseres Dorfes, daß eine Tante von ihm in Berlin verstorben sei:

„Sie erinnern sich vielleicht an sie“, sagte er zu meinen Eltern. „Die alte Dame war noch im vergangenen Sommer bei uns zu Besuch. Sie erlag vor drei Tagen einem Herzschlag.“

„Herzliches Beileid!“ murmelten meine Eltern. „Da werden Sie ja morgen zur Beisetzung nach Berlin fahren müssen.“

„Nee! Die Tante ist verschwunden, und ich weiß nicht, ob ich lachen oder weinen soll.“

„Eine Erbschaft?“ fragte meine Mutter.

„Was heißt, die Tante sei verschwunden?“ wollte mein Vater wissen.

„Nee, keine Erbschaft! In der Nacht nach dem Tod meiner Tante brach im Haus ein Feuer aus, der ganze Dachstuhl stand in Flammen. Unsere Verwandten versuchten zu retten, was noch zu retten war.“

„Und die Verstorbene? Ist sie verbrannt?“

„Das ist es ja gerade! Nein, sie ist nicht verbrannt. Ihre Angehörigen wußten in ihrer Not nichts Besseres zu tun, als ihre Leiche in einen Teppich zu rollen und vorerst in der vor dem Haus befindlichen Grünanlage abzulegen. Dort wurde dann in dem nächtlichen Durcheinander der wertvolle Teppich mitsamt der Tante gestohlen.“

„Entsetzlich!“ erregte sich Mutter.

„’n dolles Ding!“ meinte Vater. „Und die Leiche ist noch nicht wieder aufgetaucht?“

„Nee, keine Spur von ihr! Die Beisetzung ist vorerst verschoben. Wer weiß, ob sie überhaupt jemals stattfinden wird.“

„Mensch, die dämlichen Gesichter der Diebe hätte ich sehen mögen, als sie merkten, was ihnen da in die Hände gefallen war!“ ereiferte sich mein Bruder. „Wo die wohl mit der Ollen abgeblieben sind?“

Erfahren haben wir es nie, aber noch lange Zeit darüber spekuliert.

*

Mein Bruder Ulli und ich steckten in den besten Flegeljahren; über alles und jedes machten wir unsere Glossen und Blödsinn, wo immer die Gelegenheit sich dazu ergab. Da unsere Eltern uns den weiten Weg zum Bahnhof und von dort zum Gymnasium in der nächsten Stadt nicht zumuten wollten, hatten sie einen Hauslehrer für uns engagiert. Anfangs wurden wir von einem Theologen, dann von einem Mathematiker unterrichtet; beide hatten ihr Studium beendet und warteten auf eine Anstellung. Unser Kutscher bekam monatlich dreißig Mark bei freier Unterkunft und Beköstigung; die Hauslehrer mußten sich mit zwanzig Mark zufrieden geben. Ihre Mentalität stand in merkwürdigem Gegensatz zu ihrer jeweiligen Profession: der Theologe, ihn respektierten wir, griff schnell zum Rohrstock; der Mathematiker versuchte uns mit frommen Bibelsprüchen zu erziehen, er hatte es schwer mit uns.

Ulli und ich überboten uns zur Verzweiflung des letzteren im Verballhornen der deutschen Sprache. Ulli hatte eine beneidenswerte Fertigkeit im Verdrehen von Wörtern entwickelt. Aus einer Denkerstirn machte er eine Stänkerdirn, aus einem Schattenriß einen Rattenschiß, und ähnliches.

Als ich eines Tages in meinem Übungsheft Umstandswörter aufführen mußte, schrieb ich neben „hier“, „bald“, „gern“ und anderen Adverben auch das Wort „schwanger“. Der Mathematiker ließ sich nicht davon überzeugen, daß „schwanger“ ein Umstandswort sei; dabei lag das doch klar auf der Hand.

Ein Wörterbuch blieb zu seiner Verzweiflung für mich stets ein „Konservationslexikon“, betrachtete ich doch die Wörter im Lexikon als für mich konserviert, also als eine Art Dauerware gespeichert.

*

Die langen Winterabende vergingen uns im Forsthaus mit dem Lesen guter Bücher oder in Gesellschaft von Gästen. Eines Nachmittags hatten wir Bekannte im Nachbardorf besucht. Johannes Linke, unser Theologe, hatte dort Lieder zur Laute vorgetragen. Auf dem Heimweg fuhren wir mit dem Schlitten durch den herrlich verschneiten Winterwald. Nach dem Abendessen kamen wir, angeregt durch ein bei den Bekannten geführtes Gespräch über Spiritismus, auf den Gedanken, selbst einmal Geister heraufzubeschwören. Ich weiß nicht mehr, wer von uns diese Idee hatte, unser Theologe jedenfalls erhob keinen Einspruch und setzte sich selbst mit an den dreibeinigen Rauchtisch, auf dessen Kante wir unsere gespreizten, einander berührenden Hände legten. Um die Sitzung entsprechend magisch zu gestalten, hatte Mutter zuvor den Docht der Petroleumlampe so weit heruntergeschraubt, daß nur noch spärliches Licht das Zimmer füllte. Es dauerte nicht lange, und der Tisch begann sich zu neigen, um mit hörbarem Klopfen wieder in seine alte Stellung zu fallen.

„Wenn sich in dir ein guter Geist verbirgt, so antworte uns mit einmaligem Klopfen! Willst du nein sagen, so klopfe zweimal!“ sagte Mutter mit tiefer Stimme.

Der Tisch klopfte einmal.

„Gut!“ sagte Mutter. „Wenn wir dich nach Namen fragen, so gehe mit uns das Abc durch!“

Wieder klopfte der Tisch einmal.

Wir stellten diese und jene Frage, und stets antwortete uns der vermeintliche Geist. Ich nahm unsere Séance mehr oder minder als Hokuspokus hin und war davon überzeugt, daß jemand aus unserer Runde ein wenig nachhalf, den Tisch zum Reden zu bringen. Doch dann geschah es:

Mutter fragte, ob sich der gute Geist nicht innerhalb von zwei Minuten durch ein uns allen vernehmbares Geräusch bemerkbar machten wolle. Der Tisch klopfte einmal. Das gespenstische Licht verstärkte unsere Spannung, atemlos lauschten wir in die Stille. Eine Minute verging, die zweite brach an – und ein jäher Knall ließ uns entsetzt von unseren Stühlen aufspringen; kreideweiß sahen wir nur noch, wie Mutter, nun wirklich geistesgegenwärtig, den Docht der Lampe hochschraubte und es im Zimmer wieder hell wurde.

Was war geschehen?

Wir stellten es sehr schnell fest. Eine Darmsaite der nahe dem Ofen stehenden Laute war knallend zerrissen. Johannes Linke hatte sie dort nach unserem Ausflug am Nachmittag abgestellt. Die Darmsaiten waren in der Winterluft feucht geworden; in der Ofenwärme wieder getrocknet, war eine von ihnen mit entsprechendem Knall zerrissen. Ein physikalisch durchaus natürlicher Vorgang, der uns jedoch in der von uns heraufbeschworenen Situation einen bösen Schock versetzte. Ich erinnere mich nicht, daß wir jemals wieder Geister heraufbeschworen haben.

*

Gewiß trugen alle diese kleinen Begebenheiten, Döntjes, wie der Mecklenburger sagt, dazu bei, das Leben auf unserer dörflichen Bühne lebendig und abwechslungsreich zu gestalten – faszinierender noch aber waren für mich Buben die Abenteuer in den weiten Wäldern und an den gleißenden Seen. Schon früh hatte mich die Jagdpassion gepackt, der ich nicht weniger nachhaltig frönte als der Leidenschaft des Fischens. Ich schoß mein erstes Kaninchen mit dem Tesching, den ersten Hasen mit der alten Damaszener Hahnflinte meines Vaters. Mit ihr holte ich auch meinen ersten Erpel hoch aus dem Himmel, stolz auf den guten Schuß, der ihn ins Wasser hatte stürzen lassen – und traurig und doch glücklich zugleich, als im gleichen Augenblick ein Seeadler die billige Beute schlug und sie mir entriß.

Kein Mensch hatte mich bis dahin nach einem Jagdschein gefragt. Vom Vater streng erzogen und im Umgang mit der Waffe geschult, suchte ich mich seines Vertrauens würdig zu erweisen. Doch dann tauchte in unserem Dorf ein Landgendarm auf, der bald auf mein Treiben aufmerksam wurde. Als Hüter des Gesetzes glaubte er, gegen mich einschreiten zu müssen. Und das um so nachdrücklicher, nachdem er eines Tages mit meinem Vater aneinandergeraten war. Vater hatte im Revier Schüsse gehört und geglaubt, es seien Wilderer am Werk. Als er den Schüssen nachging, stieß er auf den Gendarm, der sich damit vergnügte, seine Dienstpistole einzuschießen. Ein Wort hatte das andere gegeben, am Ende verwies Vater den Gendarm aus dem Revier.

„Sieh dich vor dem Kerl vor!“ warnte mich Vater. „Lauf ihm nicht mit der Flinte in die Arme!“

Eines Abends im Sommer hatte ich mit unserem alten Haumeister Grabow im Giesen-See Aalschnüre gelegt. Der See gehörte je zu einem Drittel zu Mecklenburg-Strelitz, Mecklenburg-Schwerin und Preußen. Die Dreiländerecke lag im Wasser, und wir mußten achtgeben, mit unseren Aalschnüren nicht in feindliches Gewässer zu geraten.

Am nächsten Morgen waren wir bereits gegen vier Uhr auf dem See, um die Aalschnüre und einige Reusen zu heben; der Aal dreht sich leicht von Haken los, sobald es hell wird. Wie immer hatte ich meinen Drilling bei mir; die Gelegenheit, beiläufig einen Erpel zu schießen, wollte ich mir nicht entgehen lassen. Auf dem See lag noch Nebel, als wir uns mit unserem Fang dem heimischen Ufer näherten.

„Paß up, Jung, an't Öwer steiht de Gendarm! He luurt up us“, flüsterte mit plötzlich Grabow zu.

„Mann, oh Mann, un ik hew den'n Drilling bi mi! Den'n nimmt de Kierl mi doch weg.“

„Räg di nich up! Bevör wi an Land gahn, mööten irst de Aal in'n Kasten un de Rüsen up't Gerüst. Ik war mi so postieren, dat du din Scheet achter de Rüsen hängen kannst, ahn dat he dat süht.“

Der Fischkasten hing etwa dreißig Meter vom Ufer entfernt zwischen vier in den See gerammten Pfosten. Der Gendarm, mit Namen Nußacker, im Dorf allgemein der Nußknacker genannt, protestierte, als wir nicht sofort ans Ufer ruderten. Doch Grabow ließ sich nicht aus der Ruhe bringen; erst als wir den Drilling auf dem Fischkasten unter Reusen verborgen hatten, gingen wir an Land.

Offenbar war der Nußknacker gar nicht auf den Gedanken gekommen, ich könnte auch beim Fischen bewaffnet sein. Zu meiner Überraschung hielt er uns vor, wir hätten auf preußischem Gebiet Fischwilderei betrieben. Ich stritt das ab und fragte ihn:

„Wie können Sie das bei dem Nebel überhaupt festgestellt haben?"

„Ich habe es gesehen und auch am Ruderschlag gehört. Mir kannst du nichts vormachen. Wir werden uns vor dem preußischen Amtsgericht in Rheinsberg wiedersehen!"

In der Tat sahen wir uns dort nach einigen Wochen wieder; der Nußknacker hatte mich und Grabow der Fischwilderei bezichtigt. Außer uns dreien war mein Vater als der für mich verantwortliche Erzieher zugegen. Ich sagte von Haumeister Grabow unterstützt aus, an jenem Morgen habe so starker Nebel geherrscht, daß niemand habe sehen können, wo wir die Aalschnüre hoben. Dem widersprach der Nußknacker mit unverschämter Sicherheit. Wie sollte da der Amtsrichter ein gerechtes Urteil fällen?! Gewiß wird er auf den Gendarm hören, dachte ich und blickte einigermaßen hilflos meinen Vater an. Doch der lachte und nickte mir aufmunternd zu:

„Hab keine Angst, mein Junge, dem Herrn Nußacker wird das Lachen bald vergehen!“

„Sind Sie sich dessen so sicher, Herr Gendrich?“ warf der Amtsrichter ein.

„Durchaus, Herr Amtsgerichtsrat! Ich habe nämlich eine Skizze vom Giesen-See angefertigt, mit deren Hilfe Sie Herrn Nußacker einer falschen Aussage überführen können“, entgegnete mein Vater.

„Mit Skizzen können wir hier nichts anfangen; da müssen Sie mir schon eine amtliche Karte vorlegen.“

„Irrtum, Herr Amtsgerichtsrat! Gerade die Skizze wird den Fall klären. Auf ihr sind nämlich die durch den See verlaufenden Ländergrenzen nicht vermerkt. Bitte veranlassen Sie Herrn Nußacker, diese Grenzen in die Skizze einzutragen! Wenn er sie draußen auch nicht sehen konnte, so müßte er uns doch an Hand der Skizze demonstrieren können, wo sie verlaufen. Sie können dann die von Herrn Nußacker gezogenen Grenzen mit meiner amtlichen Revierkarte vergleichen.“

„Der Vorschlag ist nicht von der Hand zu weisen. Herr Nußacker, hier haben Sie einen Bleistift, und nun zeichnen Sie uns den Verlauf der Ländergrenzen in die von Herrn Gendrich vorbereitete Skizze ein!“

Zögernd setzte Nußacker den Bleistift an, das Ergebnis seiner Grenzziehung entlarvte seine völlige Unkenntnis der örtlichen Gegebenheiten; in seinem Bestreben, mir und dem Haumeister unter allen Umständen ein Delikt anzuhängen, hatte er durch seine Grenzziehung einen wesentlichen Teil des Strelitzer Gewässers an den preußischen Staat ausgeliefert. Nußacker hatte sich in die Nesseln gesetzt; vom Amtsrichter obendrein noch ob seiner leichtfertigen Anzeige getadelt, verließ er wütend das Amtsgericht.

Damit hatten wir uns Nußacker zum erbitterten Feind gemacht. Hartnäckiger noch als bisher würde er mir nun nachstellen, um mich beim Jagen zu erwischen. Nur heimlich noch konnte ich mich mit meiner Waffe aus dem gottlob am Waldrand gelegenen Forsthaus fortstehlen. Zwar war das Recht auf seiner Seite: als Fünfzehnjähriger durfte ich noch nicht mit der Schußwaffe jagen, mein Vater aber war Förster, und wie jeder andere Försterbub betrachtete auch ich es als ein ungeschriebenes Privileg, jagen zu können, wo und wann es mir in dem weiten Revier meines Vaters beliebte. Kein Mensch im Dorf stieß sich daran, dem Nußknacker aber würde ich es schon zeigen.

Ein glücklicher Einfall brachte mich auf den Gedanken, ihn gründlich an der Nase herumzuführen. Die Gelegenheit dazu ergab sich bald. Als er wieder einmal am Forsthaus herumspionierte, ließ ich provozierend den Kolben meines Gewehrs unter meinem Lodenmantel hervorschauen. Wie erwartet, biß er sogleich an:

„He, bleib stehen! Du sollst stehen bleiben! Kannst du nicht hören?!"

Ich kümmerte mich nicht um seinen Anruf, und als er mir nachlief, setzte auch ich mich in Trab. Je dichter er

mir auf die Fersen kam, desto schneller lief ich. Schließlich drohte er mir, von seiner Schußwaffe Gebrauch zu machen.

„Wieso?“ fragte ich und blieb stehen. „Dazu sind Sie nur in Notwehr berechtigt.“

„Du bist bewaffnet“, hustete er mit hochrotem Kopf.

„Und wenn es so wäre – ich tue Ihnen doch nichts.“

„Du darfst keine Waffe führen. Diesmal bist du der Dumme. Gib die Waffe her!“

„Ich denke nicht daran. Das Gewehr gehört nicht mir.“

Wütend riß der Nußknacker meinen Mantel auf, griff nach der Waffe – und hielt ein Holzgewehr in der Hand, das ich mir für diesen Zweck vom Schützenverein entliehen hatte.

Der Nußknacker erstarrte. Dann warf er mir fluchend das Holzgewehr vor die Füße.

„Warum hast du das nicht gleich gesagt?“

„Warum sollte ich das? Über dieses Gewehr bin ich niemandem Rechenschaft schuldig.“

Wortlos wandte sich Nußacker von mir ab und ging zum Dorf zurück. Irgendwie tat er mir leid. Vorerst aber würde er mich wohl unbehelligt lassen.

Damals, liebe Leser, hatten wir weder Rundfunk noch Fernsehen, und kein Telefon verband unser Dorf mit der großen Welt. Aber wir genossen die Freiheit einer noch fast unberührten Wildnis. Wir ritten und schwammen, wir jagten und fischten in weiten Wäldern und auf gleißenden Seen. Vor allem aber – wir standen selbst auf der Bühne, und war es auch nur die eines kleinen Dorfes. Die Ursprünglichkeit unserer Erlebnisse war es, die uns heiter und lebensfroh stimmte – und vielleicht auch Sie noch heute ein wenig anzurühren vermag.

Tante Mieken und der Flitzer

Fast zwanzig Jahre hatte mein Vater auf dem Forstamt Mirow als Büroleiter zugebracht, als ihm, dem passionierten Forstmann, der Innendienst leid geworden war und er sich um eine Revierförsterei bewarb. Es war die Revierförsterei Goldenbaum, die ihm übertragen wurde.

Mit dem Revier übernahm er eine etwa zwölf Morgen große Landwirtschaft, wofür er ein Pferd benötigte. Seine landwirtschaftlichen Erfahrungen waren gering, sein Pferdeverstand kaum größer. Schließlich erwarb er von einem umherziehenden Lumpenhändler einen Gaul, einen Braunen, von dem er glaubte, mit ihm das beste Pferd des Landes erworben zu haben. Es sollte ein „Flitzer" sein, wie er ihn sich für seine Revierfahrten wünschte.

Der Braune stand gut im Futter, ans Flitzen aber dachte er nur, wenn der Wagen hinter ihm leer war; mehrmals kam er, wenn Vater im Revier ausgestiegen war, ohne ihn aus dem Revier zurückgeflitzt. Leider war das nicht die einzige Untugend des Braunen. Der Lumpenhändler, dem er bis dahin gehört hatte, war seinem ambulanten Gewerbe entsprechend ein recht kontaktfreudiger Mann. Wo immer er auf der Landstraße einem Menschen begegnete, knüpfte er mit ihm ein Gespräch an über das Wetter und über Krankheiten, um am Ende auf sein eigentliches Anliegen, den Kauf von Schrott, Lumpen und Alteisen, zu kommen. Der Braune hatte sich so sehr daran gewöhnt, daß er nun eigenmächtig auch unter Vaters Zügelführung ein jedes Mal stehenblieb, wenn ihnen irgendwo ein Mensch begegnete. Ob Lumpenhändler oder Förster – ihm ging es nicht ein, warum er auf die ihm bereits zur Gewohnheit gewordenen Ruhepausen verzichten sollte. Meinen Vater allerdings berührte es peinlich, wildfremden Menschen erklären zu müssen, daß er gar nichts von ihnen wolle und nur der Gaul aus boshafter Gewohnheit stehengeblieben sei.

Bald nachdem mein Vater die Revierförsterei Goldenbaum übernommen hatte, meldeten sich unsere Mirower Verwandten zu einem ersten Besuch an. Vater erwartete sie mit unserem Dogcart und dem Flitzer am Carpiner Bahnhof.

Onkel Hermann, seines Zeichens Baumeister, war mit der Schwester meiner Mutter verheiratet. Tante Mieken, Onkel Hermanns Schwester, war ledig geblieben und ging den beiden im gemeinsamen Haushalt zur Hand. Tante Mieken stand ihrem hünenhaften, wohlbeleibten Bruder in der Größe kaum, in der Freude am Streitgespräch keinesfalls nach, hingegen war sie dürr wie eine Hopfenstange. Es ist unmöglich, dieses Prachtstück unserer Verwandschaft der Nachwelt vorzuenthalten. Wie oft hörte ich, wenn sie sich stritten, Onkel Hermann sagen:

„Mieken, hür up to räden! Oaber dat kannst du nich. Wenn du moal dot büst und di peddt eener up dat Muul, denn flüsterst du em noch dörch de Stäbelsoahlen."

Tante Mieken trank leidenschaftlich gern Kognak und rauchte täglich zwei Packungen „Juno rund". Der einzige Schneidezahn, der ihr im Oberkiefer verblieben war, paßte wunderbar zu ihrem gelben, ledernen Gesicht. Der Zahn diente ihr weniger zum Beißen als vornehmlich dazu, die ständig glimmende Zigarette zu halten. Ihr spärliches Haar sammelte sie in einen rattenschwanzähnlichen Zopf, den auch ein Dutzend Haarnadeln nicht zu halten vermochten.

„Nur eine stolze Säule zeugt von verschwundener Pracht, auch diese, schon geborsten, kann stürzen über Nacht", zitierte ich als Junge einmal aus „Des Sängers Fluch" und gewann damit die begeisterte Zustimmung Onkel Hermanns. Tante Mieken hingegen – doch lassen wir das besser; jahrelang verzog sie in meiner Gegenwart die Oberlippe, um mir den Anblick der gelben Säule zu ersparen.

Politisch interessiert, ohne jedoch jemals erkennen zu lassen, welcher Partei sie zuneigte – sie hatte an jeder etwas auszusetzen –, äußerte sie sich eines Tages im Gespräch mit ihrer Waschfrau engagiert gegen die Trennung von Staat und Kirche. Zum Ergötzen von Onkel Hermann bekam sie die Antwort:

„Dat will ich di vertelln, Fru Mieken, worüm ich för de Trennung von Stoat und Kerke bün: Wenn ick sünndags in de Kerke goah und doar sehn möt, dat de Jungs und Dierns sich ietel as de Pingstossen putzen, denn säg ick mi, rut mit den'n Stoat ut de Kerke. Ick bün för de Trennung von Stoat und Kerke und glöw, datt uns Herrgott nich anners denkt."

„Dat hest du nu dorvon, Mieken!" meinte Onkel Hermann. „Lat dien Politik ut Späl, de kannst du anner Lüüt doch nich verkloaren."

Vor nichts hatte Tante Mieken Angst, und niemand vermochte ihr Respekt einzuflößen. Stets hat sie dem Leben ihren Zahn gezeigt. Und doch gab es etwas, vor dem sie panische Furcht hatte; es war die Leichenhalle auf dem Friedhof unserer Stadt. Noch im Sterben wünschte sie mit Nachdruck, dort nicht aufgebahrt zu werden:

„Ick grugel mi to Dod, wenn ick doar so alleen liggen möt."

Der Dogcart, mit dem mein Vater die Verwandten vom Carpiner Bahnhof abholte, war ein zweirädriger Jagdwagen, ein sogenannter Dos-a-dos, also ein Wagen, auf dem man zu mehreren Rücken an Rücken sitzt. Unser Kutscher übersetzte die französische Bezeichnung ins Mecklenburgische, indem er das Gefährt den „Mors-an-Mors-Wagen" nannte, womit gleichfalls die Sitzordnung, Hintern an Hintern, plastisch verdeutlicht wurde.

Auf dem Heimweg vom Carpiner Bahnhof ließ der Flitzer den vollbesetzten Wagen bereits vor der ersten

Anhöhe stehen. Vater rief hü und hott und knallte ärgerlich mit der Peitsche, doch der Flitzer dachte nicht daran, sich wieder in Bewegung zu setzen. Schließlich mußten Onkel Hermann, Tante Käte und Tante Mieken absteigen. Als auch das nichts nützte, kam Tante Mieken auf eine großartige Idee. Sie stellte sich neben den Flitzer und spannte ruckartig ihren Regenschirm auf und zu. Das war dem Flitzer zuviel; vor Angst sprang er ins Geschirr und raste mit meinem Vater los, der Mühe hatte, ihn nach einigen hundert Metern zum Stehen zu bringen. Aber kaum waren die Verwandten wieder aufgestiegen, streikte unser Traber wieder. Ich weiß nicht, wie oft die Tante den Wagen verließ und wieder aufsprang, ehe die ganze Gesellschaft zu Hause eintraf. Der Flitzer aber war noch niemals in so kurzer Zeit vom Bahnhof zum Forsthaus gelaufen.

In Goldenbaum lag er noch so scharf im Geschirr, daß er die Kurve vor dem Forsthaus nicht bekam und die Gabeldeichsel zerbrach. Der zweirädrige Dogcart kippte nach vorn und entlud die Insassen in dem Augenblick, als meine Mutter vor der Tür erschien, um die Gäste zu begrüßen. Während der Flitzer mit der Deichsel durchging und Vater, die Gäste, die Koffer und der Rest des Dogcarts ein wüstes Knäuel bildeten, schlug Mutter die Hände zusammen und rief:

„Mein Gott, der schöne Wagen, nun ist er hin!“

Vater, der sich übel die Knochen gestaucht hatte, war empört, daß Mutters Sorge allein dem Wagen galt.

Gänzlich aber war es um seine Laune geschehen, als Tante Mieken, der wie den übrigen Insassen des Wagens gottlob nichts zugestoßen war, ihren Regenschirm aus dem Wirrwarr aufklaubte und ihn meinem Vater mit den Worten überreichte:

„Roderich, loat de Pietsch to Hus und nimm den'n Regenschirm! Doarmit kümmst du fixer dörch dienen Busch."

Wütend setzte er sich daraufhin von den Verwandten ab und ging in den Dorfkrug, wo in ihm der Entschluß reifte, den Flitzer unverzüglich zu verkaufen.

Monarchen

Wunderbar war das Leben, erregend und voller Abenteuer. Immer wartete es „draußen“ auf mich. „Draußen“, das war das Forsthaus, wenn ich in der Stadt über meinen Büchern saß; das war der Wald, wenn nachts der Wind vor meinem Fenster in den dunklen Fichten harfte; das war das weite Leben, von dem mir die „Monarchen“ in glühenden Farben erzählten.

Waren sie auch nur Bettler und Landstreicher, ich sah in ihnen freie Herren, Fürsten eines Landes ohne Grenzen, die die weite Welt als ihr Reich betrachteten, von dem sie meinten, daß in ihm die Sonne niemals untergehe. Sie verehrten die Sonne und liefen ihr nach und waren wie die Vögel und Schmetterlinge; sie sangen und tanzten, als könne kein Sommer jemals enden. Und noch mit Beginn des Herbstes glaubten sie, es könne keinen Winter geben.

Sie alle hießen Franz; Franz I, Franz II, Franz III und so fort. Ihre Kronen trugen sie unsichtbar. Wer konnte auch auf den Gedanken kommen, daß Fürsten in der Gestalt von Bettlern und Landstreichern, von Vaganten und Vagabunden umherliefen? Ihre Gesichter waren vom Leben, von der Sonne und vom Regen, von der Straße, von ihrem Staub und ihrer Sünde, und nicht zuletzt vom Durst ungemein eindrucksvoll geprägt.

Sie gingen gebeugt unter der Last eines schweren Hauptes, und ihre Hände zitterten in fortwährender Erregung, der sie doch immer wieder Herr wurden, sobald sie die Flasche an die trockenen Lippen setzten. Sie tranken nicht aus Pokalen, besser aber als der edelste Wein schmeckte ihnen der Rüben- und Kartoffelschnaps.

Wenn sie sich grämsterten und auf die Straße spuckten, bevor sie mit dem Handrücken den Mund wischten und den Flaschenhals an die Lippen brachten, rasselte es in ihren Lungen, und in ihrem Spucken lag eine ebenso arrogante wie wehmütige Verachtung, die niemals der Erde, auf die ihr Speichel fiel, sondern immer den Menschen galt, die über diese Erde gingen.

Sie waren wie die Zugvögel. Mit dem letzten Tag des Herbstes mündete ihre Straße in das Winterquartier, das für einen von ihnen in jedem Jahr unser Forsthaus war.

„Franz ist wieder da!" sagte die Mutter, und das hieß, der Winter habe nun begonnen. Franz ist wieder da! Ich wüßte in meiner Erinnerung keinen Gast zu nennen, dessen Besuch für mich aufregender war. Welcher Franz aus der großen Dynastie der Landstraße es auch immer war, mit ihm trat das Abenteuer in unser Forsthaus.

Ich spürte es, wenn ich vom Hof in den Stall trat, wo Franz auf der Futterkrippe saß und mit den Kühen über Geburt und Krankheit, über das Fressen und den Wert der Stallwärme sprach. Die sanften Augen der Kühe waren verständnisvoll auf ihn gerichtet, und ihre weichen Mäuler stießen vertrauensvoll an seine Lumpen.

Am Abend hockte ich in seiner Kammer auf der Bretterlade, auf der ein Strohsack unter blaukariertem Bettzeug Franz als Lager diente, und wartete, daß er mir aus seinem bunten Leben erzählte. Eine Petroleumlampe warf ihr spärliches Licht auf den ungehobelten Tisch, an dem Franz aß. Er tat es schmatzend und am Ende zufrieden rülpsend; es war großartig, ihm zuzuschauen.

Meine Mutter wäre entsetzt gewesen über die Dinge, die Franz mir erzählte. Alles wurde unter seinen Worten plastisch wie ein Holzschnitt, die Straßen und die Frauen, die Kneipen und die Männer. Niemand trug die Farben so satt auf wie Franz; niemand verstand es wie er, mit einer leisen Geste seiner rissigen Hände, mit einem nachdenklichen Schweigen dem härtesten Bild noch einen Hauch von Poesie, der dunkelsten Sünde noch eine Note erheiternder Anmut zu geben.

Franz erschien mir schlechthin als ein Lehrer des Lebens; er fragte und prüfte mich, und ich mußte ihm erzählen, was ich im Sommer und was der Sommer an mir getan hatte. Dann nahm er ein Bündel Pferdehaare und zeigte mir, wie man sie in einem vierfachen Geflecht zu einer unzerreißbaren Angelschnur dreht. Den Haken müsse ich mit einem besonderen Knoten befestigen:

„Schau her, so machst du den einfachen Knoten. Nun schürzt du ihn nochmals, ziehst ihn langsam zu, und es bildet sich eine Acht. Durch ihre beiden Schlaufen steckst du das Ende des Angelhakens, ziehst den Knoten fest zu und – nun probier es: der Haken sitzt wie angewachsen an der Schnur."

Die Regenwürmer für den Haken, so lehrte er mich, müsse ich nicht in der Nacht mit der Laterne oder mühsam im Garten mit dem Spaten suchen; leichter und zahlreicher fände ich sie auf der Viehkoppel unter den eingetrockneten Kuhfladen. „Den trocknen Fladen hebst du mit der Forke ab, dann stichst du ihre Zinken schräg unter die Kuhscheiße" – Franz sprach dieses Wort mit der gleichen ernsthaften Selbstverständlichkeit aus wie jedes andere – „und rüttelst leicht und gleichmäßig den Stiel der Forke. Weshalb die Regenwürmer dann aus der Erde schießen? Denke mal nach, Junge! – Richtig, sie glauben, der Maulwurf sei hinter ihnen her."

Brütete ich in der Stadt in meiner Pension über Caesars „De bello Gallico" oder über den Lehrsätzen des Pythagoras, dann traten die Abende im Forsthaus vor meine Augen, und ich wartete ungeduldig auf den, wie ich meinte, besseren Lehrmeister. Ich betrachtete manchen der Studienräte unseres Gymnasiums als einen Mittler abgestandenen Wissens und, nicht immer zu Unrecht, als einen Mann, der draußen in der Wildnis des Lebens kläglich scheitern würde. Franz hingegen – ich brauchte den in Lumpen gehüllten Fürsten der Landstraße nur anzusehen, um zu wissen, bei wem die Erfahrung und die Fähigkeit waren, das Leben auch im Elend fröhlichen Herzens zu meistern.

Gewiß glich kein Franz dem anderen und kein Monarch, der unserem Haus die Ehre gab, dem nächsten. In der Erinnerung aber verschmelzen sie zu einer einzigen Gestalt, deren Größe über jeden Zweifel erhaben war.

Es war gewiß gut zu erfahren, wie man beim Bau eines Hochsitzes einen Nagel durch ein Brett treibt, ohne es zu spalten, und es war wertvoll zu erlernen, welches Stroh in welcher Drehung zum Ausflechten des Jagdwagens verwendet wird – wertvoller aber war es, sich die Dinge untertan zu machen und sie zu beherrschen. Nur wenig gehörte dazu. Blickte ich auf Franz, so reichten ein Messer und eine Flasche dafür aus. Alles andere boten der Wald und die Quellen in ihm. Mit dem Messer schnitt er am Morgen die Weidenrute für den Fischfang und am Abend die Haselstecken für ein primitives Dach; am Bach füllte er die Flasche für die durstigen Strecken des Tages.

Betrachte ich es recht, so nahm mir Franz die kreatürliche Angst vor dem Leben. Die Gewißheit, notfalls mit einem Messer und einer Flasche auskommen zu können, blieb für mich zeitlebens ein beruhigendes Element.

Wenn die Enten reihten und die Schnepfen strichen, verließen die Monarchen, von Unruhe gepackt, unser Haus. Manchmal gingen sie heimlich und ohne Gruß von meinen Eltern fort, manchmal stritten sie um den Lohn und gröhlten betrunken auf der Straße, immer aber nahmen sie von mir Abschied, und das Herz wurde mir schwer.

Noch steht mir das Bild des letzten Monarchen vor Augen. Durch die blinden Fensterscheiben der Scheune fiel das Licht als heller Balken auf meinen Schulatlas. Mit seinem breiten, von schmutzigen Riefen zerfurchten Finger glitt Franz über die Karte der norddeutschen

Tiefebene und fuhr dann ohne Schwierigkeit im Süden über die schneebedeckten Alpen. Mit brennenden Augen, vom Fernweh gepackt, folgte ich dem Weg, den Franz gehen würde. Und als er mich bat, ihm die Karte zu überlassen, riß ich ganz Europa aus dem Atlas heraus.

„Und wenn es dein Vater merkt?“ fragte Franz.

„Ich werde ihm die Wahrheit sagen, Franz! Ich glaube, er wird mich verstehen.“

Dann standen wir am Hoftor, Franz, unser Vorstehhund und ich. Als Franz gegangen war, kamen mir die Tränen, und Bärchen ließ traurig die Ohren hängen über den Verlust eines guten Freundes.

Damals wünschte ich, als Bettler durch das Land ziehen zu können. Bisweilen träume ich heute noch davon.

Jung, verliebt und passioniert

Kann es bessere Voraussetzungen geben, um glücklich zu sein?

Im Sommer blühen die wilden Heckenrosen, mit frischen Brüchen locken die Eichen, die Böcke sind rot, und dein Herz ist heiß. Im Winter bricht sich das Licht in Millionen Kristallen, stehen die Fährten des Schwarzwildes im Schnee, wölbt sich wolkenlos der Himmel über dunkle Wälder. Lacht dir dann noch ein Mädel und macht dich verliebt, verlierst du den Kopf über so viel Glück, und du weißt dich nicht zu lassen vor lauter unbändiger Lebensfreude. In deinem Übermut machst du Dummheiten, doch sie sind köstlich, und ihr Glanz wird noch in die ach so entfernten Stunden deines Alters fallen.

Und eines Tages bist du alt und denkst versonnen an die verworrene, überschäumende Jugend zurück. Du hast ihre Tage hingenommen wie einen Tribut, den dir das Leben schuldete. Dankbar erst wirst du im Alter, wenn die Erinnerung die Tage Revue passieren läßt, wenn längst erloschene Lichter nochmals aufleuchten und dein altes Herz erwärmen. Und du lächelst ob des einen oder anderen Tages, der sich aus der Fülle vergangener Zeit hervordrängt.

*

Ein Stück Rotwild sollte ich kurz vor Ende der Jagdzeit für meinen Forstmeister schießen; es sollte zusammen mit einem Schwein zu Mettwurst verarbeitet werden. Drei Tage pirschte ich vergeblich; am ersten Tag regnete es Bindfäden; am zweiten hielt kalter Nordostwind das Wild in den Dickungen zurück; am dritten Tag hetzten zwei Hunde durchs Revier. Für den letzten Januartag sah ich keine andere Möglichkeit mehr, als zwei Kollegen zu bitten, mir behilflich zu sein. Ein Waldarbeiter sollte uns behutsam das Wild aus den Dickungen drücken.

Das Wetter war umgeschlagen; bei leichter Schneedecke und wolkenlos blauem Himmel rührte kein Wind die Bäume. Die Grabendickung war der beste Rotwildeinstand des Reviers; wir nahmen sie uns als erste vor. Während Werner Hallberg und sein Vater die Längsseiten der von Altholz umgebenen Dickung aufsuchten, fand ich einen vielversprechenden Stand an ihrer Stirnseite.

Lautlos verrann die Zeit. Ich blickte auf die Uhr; der Haumeister mußte die Dickung längst angegangen sein. Und schon knallte es links von mir. Dort stand der alte Hallberg, und ich wußte nicht, ob er Erfolg gehabt hatte. Zu dumm, daß wir nicht zuvor vereinbart hatten, uns durch Zuruf darüber zu verständigen!

Indessen schoß auch Werner Hallberg, und das gleich zweimal. Ein Stück nur sollten wir erlegen. Jetzt fehlte nur noch, daß auch mir noch Wild vor die Büchse kam! Ich hatte es kaum gedacht, als auch schon rechts von mir ein starkes Rudel aus der Dickung prasselte. Zwölf, dreizehn Stücke zählte ich, bevor ich auf das vorletzte schoß. Zusammen mit dem Rudel verschwand es hinter einer Moränenkuppe, und ich wußte noch immer nicht, ob überhaupt ein Stück zur Strecke gekommen war.

Mechanisch lud ich nach und schoß, als das Wild rechts der Kuppe wieder zum Vorschein kam, auf ein Kalb. Durch den Schuß verwirrt, drängte sich das Rudel zusammen und flüchtete dann jäh auseinander. Fünf, sechs Stücke überfielen hinter mir auf knapp hundert Gänge ein breites Gestell. Mit einem dritten Schuß verzeichnete ich endlich einen klaren Erfolg; ein Alttier blieb regungslos auf dem Gestell liegen.

Drei Schüsse in knapp einer Minute! Das Ergebnis? Die Frage beunruhigte mich, und aller Passion zuwider wünschte ich, mit den ersten beiden Kugeln gefehlt zu haben. Wenn auch Vater und Sohn Hallberg Erfolg gehabt, gar zwei oder drei Stücke gestreckt hatten, wenn auch das von mir beschossene Kalb lag . . .? Und jäh wurde mir klar, daß es mitten im Rudel zusammengebrochen und allein deshalb das Rudel auseinandergestoben war. Hätte ich doch nur den letzten Schuß unterlassen!

Es half kein Jammern – das erste Stück, ein Schmaltier, lag verendet hinter der Kuppe; das zweite, ein Wildkalb, lag dort, wo es inmitten des Rudels zusammengebrochen war; das dritte mußte ich nicht erst aufsuchen, um zu erfahren, daß es längst verendet war. Am Ende lagen insgesamt fünf Stücke auf der Strecke – und nur eines sollten wir erlegen!

Nun, auch der Forstmeister konnte das Wild nicht wieder ins Leben zurückrufen. Wenn auch verärgert, war er doch einsichtig genug, Verständnis für die zuweilen unberechenbaren Launen der, wie er meinte, nur der Jugend so sehr gewogenen Jagdgöttin zu zeigen.

Es war Nachmittag geworden, als ich das Wild versorgt und zum Forstamt geschafft hatte. Das von mir gestreckte Alttier, wenigstens vierzehn Jahre alt, hatte stark abgeschliffene tiefbraune Grandeln, wie sie mir schöner noch nicht in die Hände gefallen waren. Ich werde sie Wiebke schenken, dachte ich und erschrak, als ich auf die Uhr blickte. Drei Uhr vorbei, und um vier wollte ich bei ihr sein! Ich hatte es ihr fest versprochen und schon in der Nacht die Stunde herbeigesehnt, sie endlich wieder in die Arme nehmen zu können, nachdem wir uns zwei Wochen nicht gesehen hatten.

In fliegender Hast zog ich mich um. Zehn Minuten später nahm ich den nächstbesten Zug, der mich zu ihr bringen sollte.

„Sie wollen bis Kratzeburg fahren?“ fragte mich der Schaffner, als er die Fahrkarten überprüfte.

„Ja! Warum fragen Sie?“

„Weil der Eilzug dort nicht hält! Sie können den Zug erst in Neustrelitz verlassen. Von dort können Sie um fünf Uhr dreißig nach Kratzeburg zurückfahren.“

„Das geht nicht! Sie müssen in Kratzeburg halten. Sagen Sie das bitte dem Zugführer!"

„Pech für Sie! Der nächste bitte!"

„Hören Sie, ich muß in Kratzeburg aussteigen! Ich habe meinem Mädchen fest versprochen, um vier Uhr bei ihr zu sein."

„Sagen Sie mal, junger Mann, Sie haben wohl nicht alle Tassen im Schrank! Denken Sie, wir lassen Ihretwegen den Eilzug halten? Und das obendrein noch wegen eines Mädels! Sie fahren hier doch nicht mit dem Omnibus!"

„Und ein Versprechen ist gar nichts?! Ich bitte Sie nochmals: Sagen Sie dem Zugführer, daß er in Kratzeburg hält! Wenn er es nicht tut, werde ich aus dem Zug springen."

„Das könnte Sie teuer zu stehen kommen. Nun lassen Sie den Blödsinn und geben Sie endlich Ruhe! – Diese Jugend von heute, es ist doch nicht zu fassen!" Kopfschüttelnd verließ der Schaffner das Abteil. Die Fahrgäste grinsten.

Ich habe dich gewarnt, dachte ich. Gewiß denkst du, ich sei ein wenig närrisch. Aber du irrst dich, mein Lieber! Ich habe Wiebke mein Wort gegeben, ich werde es halten, und sollte ich mir die Knochen darüber brechen.

Hinter Kratzeburg, kaum zwei Kilometer von der Station entfernt, stieg das Gelände an; zusätzlich zwang eine Kurve den Zug zu etwas langsamerer Fahrt. Ich kannte die Strecke und wußte, daß der Zug hier allenfalls noch mit sechzig Kilometer Geschwindigkeit fuhr. In Fahrtrichtung sprang ich vom Trittbrett. Ich kullerte, mich mehrmals überschlagend, eine Böschung hinunter und kam, wenn auch arg gebeutelt, wieder heil auf die Beine. Na also, dachte ich, wer sagt es denn! Übermütig machte ich mich auf den Weg zu Wiebke.

Der Weg führte mich, den Gleisen folgend, am Bahnhof Kratzeburg vorüber. Ich hatte es eilig und warf ärgerlich auf, als der Bahnhofvorsteher mich anrief:

„He, Sie da! Mir wurde soeben von der Bahnmeisterei Neustrelitz gemeldet, daß ein Forstbeamter in Uniform den fahrenden Zug verlassen hat. Waren Sie das?"

„Ja, das war ich."

„Sie müssen Strafe zahlen."

„Ich gebe Ihnen meine Anschrift, und dann lassen Sie mich bitte gehen. Ich habe es eilig."

Pünktlich um vier Uhr war ich bei Wiebke. Der Spaß kostete mich zehn Mark Strafe, mein Versprechen aber hatte ich gehalten.

Ach, Wiebke, was für ein seliger Tag war jener 31. Januar! Diana war mir hold, und du küßtest mich! Jung waren wir und voller Übermut, und das Licht jenes Tages fällt noch heute in unser Alter. Die Grandeln, die schönsten, die ich je erbeutete – du trugst sie noch viele Jahre in Gold gefaßt, bis sie auf der Flucht verlorengingen. Unverlierbar aber bleibt die Erinnerung an einen in Glück und Sonne getauchten Tag.

Gelernte Jäger und andere Rekruten

Im März 1935 wurde die allgemeine Wehrpflicht eingeführt. Das Wehrgesetz verpflichtete meinen Jahrgang nur zu kurzfristigen Übungen. Mich stach der Hafer, und ich meldete mich freiwillig zum aktiven Dienst. Als Pferdenarr und weil die Kavalleristen so schneidig auf ihren Rössern aussahen, bewarb ich mich um eine Einberufung zum Reiterregiment in Fürstenwalde. Ein formloser Anruf beim Regiment, und schon hatte ich meine vorläufige Einberufung zur ersten Schwadron. Zuvor aber hatte ich mich beim Wehrbezirkskommando meines Heimatkreises der üblichen Musterung zu unterziehen.

Die Musterung erfolgte im Saal einer Gastwirtschaft unserer kleinen Kreisstadt. Wohl ein halbes Hundert Wehrpflichtige und Freiwillige hatten sich hier eingefunden. Nackt betraten wir nacheinander den für die Musterung vorgesehenen Raum.

Kaum hatte ich den Fuß über die Schwelle gesetzt, diktierte auch schon ein Stabsarzt, ohne einen Gruß und kaum mehr als einen Blick an mich verschwendend, einem Sanitätsunteroffizier:

„Infanterie untauglich, Artillerie untauglich, Kavallerie untauglich – leichte Nachrichtentruppe!"

„Moment mal", warf ich ein, „ich habe bereits eine vorläufige Einberufung zur Kavallerie."

„Für die leichte Kavallerie sind Sie zu lang, für die schwere zu leicht. – Der nächste!"

„Nicht mit mir, Herr Stabsarzt! Ich bin Freiwilliger, und wenn ich nicht will, dann muß ich nicht dienen. Warum zum Beispiel bin ich nicht für die Infanterie tauglich?"

„Weil Sie Anlage zu Spreiz- und Plattfüßen haben."

„Wissen Sie überhaupt, welchen Beruf ich habe?"

„Nee, interessiert mich auch nicht. – Der nächste!!" Der Stabsarzt mimte Autorität.

„Dann lassen Sie es sich gesagt sein: Ich bin Forstbeamter."

„Unteroffizier, schreiben Sie: Infanterie tauglich!"

„Das können Sie sich sparen. Ich will zur Kavallerie."

„Schluß jetzt! Der nächste!"

„Herr Stabsarzt, es muß doch noch eine nächsthöhere Instanz geben."

„Was, Sie wagen es . . .? Aber, bitte, dort am Ende des Saals sitzt der Kommandeur des Bezirkskommandos, seine Exzellenz General von . . ."

Wenn der Stabsarzt geglaubt hatte, ich ließe mich von einem General abschrecken, hatte er sich geirrt. Fünf Minuten später stellte ich mich, nunmehr in Forstuniform, dem General vor.

„Nun, mein Sohn, was wünschen Sie?" fragte mich der General mit fast ziviler Freundlichkeit. „Sie sind Forstmann! Da kennen Sie gewiß den Landforstmeister von Bülow; er ist ein Neffe von mir."

„Gewiß, Exzellenz! Herr von Bülow ist mein Vorgesetzter."

Wir plauderten ungezwungen miteinander. Am Ende befahl der General den Stabsarzt zu sich, und ich wurde für die Kavallerie tauglich geschrieben.

Geschafft, dachte ich, nun hast du es doch noch geschafft. Doch mit des Geschickes Mächten ist kein ew'ger Bund zu flechten. Als ich die Landesforstverwaltung bat, mich für den aktiven Dienst im Reiterregiment freizustellen, erklärte sich die Verwaltung zwar bereit, mich zu beurlauben, doch nur unter der Bedingung, daß ich aus Gründen der Tradition beim Jägerbataillon diene. Stur, wie ich war, erhob ich dagegen Einspruch; als Freiwilliger hätte ich das Recht, mir die Truppengattung auszusuchen. Mein Einspruch wurde abgewiesen. Mit einem dritten Antrag versuchte ich die Verwaltung davon zu überzeugen, daß ich in einem von mir selbst gewählten Truppenteil mehr leisten würde als in einer mir aufgezwungenen Einheit. Die Reaktion der Landesforstverwaltung:

„Wir erwarten, daß Sie, wo immer Sie auch dienen, Ihre Pflicht voll und ganz erfüllen werden. Der von Ihnen beantragte Urlaub wird ausschließlich für Ihren aktiven Dienst im Jägerbataillon genehmigt. Im übrigen sehen wir in dieser Angelegenheit keinen weiteren Anträgen Ihrerseits entgegen."

*

Am 1. Oktober wurde ich der 5. Kompanie des in Kolberg stationierten Jägerbataillons zugeteilt. In ihr dienten neben gezogenen Rekruten zumeist Forstbeamte aus Mecklenburg und Pommern. Der Dienst war hart; die Ausbilder, langjährig gediente Gefreite, Oberjäger und Feldwebel, kamen noch aus der hervorragend ausgebildeten Reichswehr. Bei aller Härte des Dienstes, die uns nicht selten den Kommiß verfluchen ließ, erfuhren wir doch nie boshafte Kränkungen seitens der Vorgesetzten.

Verblüffend aber war, daß von Anfang an ein krasser Unterschied zwischen den „gelernten Jägern" – als solche wurden die in der Kompanie dienenden Forstleute bezeichnet – und den übrigen Rekruten gemacht wurde.

Als gelernte Jäger trugen wir zur Ausgehuniform statt des Seitengewehrs unseren Hirschfänger. Als ich eines Sonntags durch die Stadt schlenderte, begegnete mir ein Oberjäger (Unteroffizier) der 6. Kompanie. Auch ein gelernter Jäger, dachte ich und tippte zum Gruß leichthin mit zwei Fingern an den Mützenschirm. Doch schon pfiff mich der Kerl mitten im Straßentrubel an:

„Das nennen Sie eine Ehrenbezeigung! Zurück – marsch, marsch! Und jetzt zeigen Sie mir, wie ein Soldat vorschriftsmäßig zu grüßen hat. – Na also, warum nicht gleich so! – In welcher Kompanie dienen Sie?"

Armleuchter, dachte ich und sagte: „In der fünften, Herr Oberjäger!"

„Kehrt marsch! Hauen Sie ab!"

Kaum hatte ich mich von ihm mit einer zackigen Kehrtwendung abgewandt, rief er mich wieder zurück:

„Mann, du bist vielleicht eine Flöte! Kannst du mir nicht gleich sagen, daß du gelernter Jäger bist!" Offensichtlich hatte er das bei meiner Kehrtwendung an meinem Hirschfänger entdeckt. „Auf welcher Forstschule warst du? – Komm, laß uns in der nächsten Kneipe ein Bier trinken!"

Sein Verhalten war typisch. Führte sonnabends ein „gelernter" Oberjäger die Aufsicht beim Revierreinigen, ließ er uns Forstleute mit zwanzig oder dreißig Mann den knapp zweihundert Quadratmeter großen Vorgarten der Kaserne harken. Hatte ein Briefträgeraspirant – so nannten wir die nicht für die Forstlaufbahn vorgesehenen Oberjäger und Feldwebel – die Aufsicht, bekamen wir es von ihm heimgezahlt; im Heizungskeller mußten wir Kohlen schippen, bis wir in unserem Drillichzeug bald nicht mehr als Soldaten zu erkennen waren. Immerhin – es gab auch im Jägerbataillon eine ausgleichende Gerechtigkeit.

Eines Sonnabends – das Revierreinigen war gegen ein Uhr beendet, der Nachmittag dienstfrei – war ich im Begriff, mit einigen Kameraden an den Strand zu bummeln, als der Schreibstubengefreite die Tür aufriß und mich mit der üblichen Lautstärke anbrüllte:

„Jäger Gendrich – um vierzehn Uhr raustreten zum Strafexerzieren!"

„Ich? Weshalb denn das?"

„Halten Sie den Mund! In zehn Minuten stehen sie feldmarschmäßig mit sechs Ziegelsteinen im Tornister auf dem Kasernenhof."

„Ich muß doch wissen, was ich ausgefressen habe?!"

Eine Antwort bekam ich nicht; der Gefreite schlug mir die Tür vor der Nase zu. Da ich mir keiner Schuld bewußt war, sauste ich auf die Schreibstube, um den Spieß oder den Oberjäger vom Dienst zu fragen. Der Spieß war nicht mehr greifbar, und der Oberjäger blaffte mich an, ich sollte hier nicht rummotzen und unverzüglich dem mir gegebenen Befehl nachkommen. Punkt vierzehn Uhr stand ich mit fünf weiteren Delinquenten auf dem Kasernenhof.

Und schon ging es rund. Zwei Feldwebel, unter der Aufsicht eines Leutnants, lösten sich im Kommandieren ab:

„Hinlegen! – Sprung auf, marsch, marsch! – Hinlegen! – Sprung auf, marsch, marsch! – In Reihe angetreten! – Links marschiert auf, marsch, marsch! – Rechts marschiert auf, marsch, marsch! – Hinlegen' – Sprung auf, marsch, marsch . . ."

In der ersten Viertelstunde hatte ich noch auf die Kasernenhofuhr geblickt, dann kochte mir der Schweiß in der Kimme, Wut stieg in mir auf und der unbändige Wille, mich nicht zerbrechen zu lassen. Mechanisch, nur noch ein Roboter, führte ich die Kommandos aus, bis der Leutnant nach genau einer Stunde das Strafexerzieren beendete:

„So, Leute, ich hoffe, Sie wissen jetzt, warum das sein mußte!"

„Ich nicht, Herr Leutnant!" antwortete ich mit betonter Schärfe und bemühte mich, so gut es ging, Haltung anzunehmen.

„Feldwebel, lassen Sie die Männer wegtreten. Jäger Gendrich, mit Ihnen machen wir weiter."

Und wenn ich draufgehen sollte, dachte ich, mich bekommt ihr nicht klein. Eine Viertelstunde später, ich konnte mich nur mühsam noch auf den Beinen halten, fragte mich der Leutnant, ob ich nun endlich Einsicht zeige.

„Nein, Herr Leutnant!"

Die Antwort irritierte ihn, vielleicht hatte er Angst, den Bogen zu überspannen; jedenfalls ließ er mich wegtreten, schließlich war er für meine Gesundheit verantwortlich.

Beschwerden durften frühestens nach vierundzwanzig Stunden vorgebracht werden; erst am Montag früh konnte ich die Schreibstube aufsuchen und den Hauptfeldwebel fragen, warum man mich zum Strafexerzieren befohlen hatte.

„Sie, Gendrich? Haben wir Sie auch einmal erwischt? Das ist gut. Sie werden wohl selbst am besten wissen . . ."

In diesem Augenblick betrat der Kompaniechef die Schreibstube. Als er mich sah, fragte er mich, warum ich am Sonnabend nach dem Essen nicht zum Offiziersschießen erschienen sei; kurz nach dreizehn Uhr habe er dem Oberjäger vom Dienst befohlen, mich als Ordonnanz zum Schießstand zu schicken, ein Posten, der bei den Rekruten sehr begehrt war, kam er doch einer Auszeichnung gleich, zumal man am Schießen teilnehmen konnte und von den Offizieren in der Kantine des Schießstandes freigehalten wurde.

„Den Befehl habe ich nicht bekommen, Herr Hauptmann! Kurz vor vierzehn Uhr wurde ich zum Strafexerzieren befohlen."

„Was haben Sie denn ausgefressen?"

„Das weiß ich nicht. Offensichtlich weiß es überhaupt niemand."

Am Ende stellte sich heraus, daß der Oberjäger vom Dienst kurz vor seiner Ablösung in der Eile meinen Namen auf einem Zettel vermerkt hatte, auf dem die Namen der zum Strafexerzieren befohlenen Jäger standen. Eine Erläuterung zu diesem Vermerk hatte er dem ihn ablösenden Oberjäger nicht gegeben, so daß dieser annehmen mußte, auch ich sei zum Strafexerzieren verdonnert worden. Als ich den Spieß bat, mir die Strafe „gutzuschreiben", winkte er ab, auf solchen Handel könne er sich nicht einlassen; im übrigen habe es noch keinem Soldaten geschadet, einmal richtig geschliffen zu werden.

*

So hervorragend die Ausbilder der Kompanie auch waren, eine Niete war und blieb ein Stabsgefreiter, dem auch nach zehn Dienstjahren der Sprung zum Oberjäger noch nicht gelungen war. Im Gelände völlig unbrauchbar, wurde er wöchentlich mehrmals als Oberjäger vom Dienst eingeteilt. Wenigstens bei dieser Gelegenheit hatte er Anspruch darauf, als Oberjäger angesprochen zu werden. Seine mangelnde Intelligenz kompensierte er durch brüllende Kommandos und die ihm als OvD verliehene Macht.

Als er eines Morgens nach dem Wecken unsere Stube betrat – wir lagen auf ihr mit acht Mann –, um eventuelle Krankmeldungen entgegenzunehmen, hatte ihn keiner von uns bemerkt und wie vorgeschrieben „Achtung!" gerufen. Ob solcher Mißachtung seiner kriegerischen Persönlichkeit gekränkt, schrie er mich als den ihm nächsten Jäger wütend an:

„Haben Sie keine Augen im Kopf? Warum haben Sie nicht Achtung gerufen?"

„Wie Herr Oberjäger sehen, wasche ich mich und habe das Gesicht voller Seife."

„Nehmen Sie gefälligst die Hände an die Hosennaht, wenn ich mit Ihnen spreche!"

„Das geht nicht, Herr Oberjäger!"

„Waaas? Das geht nicht?"

„Nein, Herr Oberjäger, ich habe nämlich keine Hosen an; ich könnte die Hände allenfalls an die Hemdnaht legen."

„Wollen Sie mich verscheißern? Ich warne Sie."

„Mitnichten, Herr Oberjäger!" blinzelte ich ihn an und dachte, blas mir doch den Hobel.

„Sie, Sie Witzfigur, Sie können mir ja nicht einmal in die Augen blicken."

„Wenn mir die Seife in den Augen brennt . . ."

„Halten Sie den Mund! In Zukunft mache ich Sie allein dafür verantwortlich, daß auf dieser Stube Achtung gerufen wird, wenn ich erscheine."

Armleuchter, irgendwann würde ich ihm das heimzahlen. Ich wußte auch schon, wie ich das anstellen konnte. Als er wenige Tage später wieder als Oberjäger vom Dienst die Tür zu unserer Stube aufriß, beachtete ihn keiner unserer Belegschaft. Fassungslos, wie vom Donner gerührt, stand er vor mir.

„Wollen Sie nicht endlich Achtung rufen?" brüllte er mich an.

„Nee, heute morgen nicht, vielleicht das nächste Mal, Herr Oberjäger."

„Sind Sie wahnsinnig geworden? Das ist Meuterei vor versammelter Mannschaft. Ich werde Sie sofort dem Hauptfeldwebel melden."

„Wie Herr Oberjäger meinen." Wütend knallte er mir die Tür vor der Nase zu.

Am Mittag, wir waren von einer Geländeübung zurückgekehrt, wurde ich auf die Schreibstube befohlen, wo mich der Hauptmann abkanzelte:

„Gendrich, was haben Sie denn da wieder gemacht! Meuterei ist das, da hilft Ihnen kein Deibel mehr aus der Patsche. Eine Woche Arrest ist das mindeste, was Ihnen zusteht. Haben Sie noch etwas zu sagen?“

„Jawohl, Herr Hauptmann!“ In bester Haltung stand ich vor ihm. „Gemäß immer noch gültiger Kasernendienstvorschrift § 28, Absatz 2, vom 13. Julei 1903 ist es verboten, beim Betreten der Mannschaftsunterkünfte durch einen Vorgesetzten Achtung zu rufen, sofern einer der Mannschaft sich mit einem offenen Messer rasiert.“

„Hauptfeldwebel, die Kasernendienstvorschrift vom – von wann, sagen Sie? – also vom 13. Julei 1903!“ Drei Minuten später hatte der Hauptmann die vergilbte Vorschrift in der Hand.

„Nochmal dasselbe, Gendrich!“

Als ich ihm wortgetreu den Paragraphen wiederholte, lachte er:

„Gut, Gendrich’ Hau’n Sie ab!“
Kaum hatte ich die Tür hinter mir geschlossen, hörte ich, wie er den Stabsgefreiten fertigmachte:

„Zehn Jahre sind Sie beim Barras, ’nen Oberjäger vom Dienst wollen Sie mimen und kennen immer noch nicht die Kasernendienstvorschrift. Nee, da muß erst ’nen Rekrut kommen . . .“

Mehr bekam ich nicht mit, aber das genügte mir.

Wann immer der Stabsgefreite wieder Oberjäger vom Dienst war, wurde ihm morgens auf jeder Stube ein offenes Rasiermesser entgegengehalten. Bis er endlich Vernunft angenommen und sich zu einem weniger rüden Ton durchgerungen hatte.

*

Gewiß, wir haben nicht selten über die Härte des Dienstes geflucht, nirgends aber mehr gelacht als beim Kommiß.

Wieder war an einem Sonnabend Uniformappell, von uns Maskenball genannt. In raschem Wechsel mußten wir auf dem Kasernenhof in Drillichzeug, in Sportkleidung, feldmarschmäßig und in Ausgehuniform antreten. In unserer Jägerschaft fiel Egon Lewitzki, ein kesser Berliner, dem inspizierenden Spieß auf; ein Knopf seines Mantels war zu lose angenäht. Der Spieß trennte ihm mit einem Messer sämtliche Knöpfe vom Mantel ab. An sich ein harmloser Vorfall, hätte Egon nicht für dieses Wochenende Urlaub beantragt und sich in seinem Mantel beim Spieß abmelden müssen.

Bis zur Abfahrt seines Zuges von Kolberg nach Berlin konnte er unmöglich die Knöpfe wieder angenäht haben, und auf die Hilfe von Kameraden konnte er auch nicht rechnen, ging doch der Maskenball für die Nichturlauber auf dem Kasernenhof weiter. Offensichtlich wollte der Spieß ihm den Urlaub vermasseln. Um so erstaunter war er, als Egon sich in kürzester Zeit mit vollzählig am Mantel befestigten Knöpfen zurückmeldete. Verdutzt entließ ihn der Spieß in den Urlaub.

Erst am Montag erfuhren wir, wie Egon sich zu helfen gewußt hatte. Frech hatte er sich in die im Kasernenbereich gelegene Wohnung des Hauptfeldwebels begeben und dessen Frau – „Befehl vom Hauptfeldwebel!“ – veranlaßt, mit ihren beiden Töchtern sofort die Knöpfe wieder an den Mantel zu heften. Vom Eifer, mit dem seine Familie seinem vermeintlichen Befehl nachgekommen war, beeindruckt und humorvoll genug, Egons Gerissenheit lachend hinzunehmen, ließ der Spieß ihn nach seiner Rückkehr aus dem Urlaub ungeschoren davonkommen.

*

Eines Morgens im Frühjahr hieß es bei der Befehlsausgabe auf dem Kasernenhof: „Schwimmer – rechts raus!“ Obgleich ich schwimmen konnte, zog ich es vor, im Glied zu bleiben; zu oft schon hatte man uns mit derlei Befehlen genarrt. Brillenträger wurden zum Scheuern der Latrinenbrillen, Musiker zum Transport eines Klaviers abkommandiert. Diesmal aber ging es tatsächlich darum, den Nichtschwimmern das Schwimmen beizubringen. Da hatte ich mir etwas Schönes eingebrockt. Während sich die meisten meiner Kameraden in der Persante vergnügten, lag ich mit anderen Opfern wie ein Frosch auf der Erde und machte „Trockenübungen“. Nicht genug damit, wurden wir anschließend in ein von der Persante abgeteiltes Becken gejagt, in dem wir uns mehr unter als über dem Wasser zu bewegen hatten. „Wassergewöhnungsübung" nannte sich diese Prozedur. Ich habe später versucht, meinen Teckel auf die gleiche Weise an das nasse Element zu gewöhnen, mit dem Erfolg, daß er das Weite suchte, sobald wir nur in die Nähe eines Sees kamen.

Bereits bei der nächsten Übungsstunde hatte ich die Nase gestrichen voll und sprang auf den Laufsteg, der das Becken von der tiefen Persante trennte. Schon schrie mich der aufsichtsführende Feldwebel an:

„Gendrich, sind Sie noch nicht wieder im Wasser?"

Scheinbar völlig verwirrt, hechtete ich statt ins Becken in die Persante, tauchte sofort weg und dachte, leck mich am Absatz. Womit ich jedoch nicht gerechnet hatte – der Feldwebel sprang mir in seinem nagelneuen Trainingsanzug nach, um mich, den Nichtschwimmer, vom Tode des Ertrinkens zu retten. Als ich auftauchte, suchte er mich unter Wasser. Das Gelächter der Kameraden verriet mir die Situation, und ich spielte mit dem Feldwebel Katz und Maus; war er untergetaucht, schnappte ich nach Luft, kam er an die Oberfläche, war ich wieder verschwunden. Bis wir dann doch zugleich an die Oberfläche kamen und gemeinsam zum Steg zurückschwammen. Wütend hielt er mir nun vor, ich hätte ihn zum Narren gehalten. Am Ende aber konnte er meiner Entgegnung, die Trockenübungen seien so instruktiv gewesen, daß ich von einer Stunde auf die andere schwimmen gelernt hätte, nichts entgegensetzen; geglaubt hat er mir gewiß nicht.

*

Im Herbst bezogen wir als eine der ersten Einheiten die gerade fertiggestellten Unterkünfte des Truppenübungsplatzes Groß-Born. Mit den gelernten Oberjägern verband uns inzwischen, ohne daß die Disziplin darunter litt, eine fast kollegiale Freundschaft. Eines Nachts, von Sonnabend auf Sonntag, weckte mich der Feldwebel Jörg Kelm:

„Steh auf! Wir wollen mal nach den Böcken schauen."

Der Truppenübungsplatz war groß; Wälder, Moore und Wiesen boten dem Rehwild ideale Einstände und Äsungsflächen; an den militärischen Betrieb hatte sich das Wild, wie auf allen Übungsplätzen, längst gewöhnt. Bald hatten wir einen Bock vor uns, der einen passionierten Jäger schon zum Schuß verleiten konnte. Daß Jörg ihn tatsächlich schießen wollte, merkte ich erst, als er eine „08" mit langem Lauf und Ansatzkolben unter seinem Mantel hervorholte und sich zum Schuß anschickte. Als der Bock dann doch im letzten Augenblick absprang, war ich heilfroh, mich nicht des Wilderns mitschuldig gemacht zu haben.

Jörg war gewiß nicht der einzige gelernte Oberjäger, der alles daransetzte, vom Truppenübungsplatz nicht ohne jagdliche Trophäe in die heimische Kaserne zurückzukehren. Man mag das verurteilen, verständlich aber war es schon; wo sonst sollten die Oberjäger, die ihr Treiben als Kavaliersdelikt betrachteten, ihre jagdliche Passion befriedigen!

*

Als gelernte Jäger hatten wir nach Beendigung der Grundausbildung das Recht, in Forstuniform in den Urlaub zu fahren, sofern wir ihn als Jagdurlaub deklarieren konnten. Als ich einige Jahre später auf eigenen Wunsch zum IR 48, Neustrelitz, eingezogen wurde, um dort als Offiziersanwärter eine der obligaten Übungen hinter mich zu bringen, bestand ich auch hier auf das Privileg, während des Wochenendurlaubs Forstuniform zu tragen.

Beim IR 48 wußte man nichts von einem solchen Vorrecht der Forstbeamten und verweigerte mir einen entsprechenden Vermerk auf dem Urlaubsschein. Erst ein Anruf beim Bataillon und dann beim Regiment selbst, das endlich den entsprechenden Befehl in den Akten gefunden hatte, machte den Spieß gefügig. Inzwischen war es Mittag geworden, ich hatte meinen Dienst als UvD beendet und stand in Forstuniform zusammen mit dem Spieß vor unserer Kaserne, als die Kompanie, von einem Feldwebel geführt, aus dem Gelände zurückkehrte. Zwanzig Schritte vor uns kommandierte der Feldwebel plötzlich: „Kompanie – Achtung!“ Die Männer rissen die Köpfe nach links und paradierten im

Stechschritt auf uns zu. Weshalb denn das, fragte ich mich, und auch der Spieß schaute sich um; eine solche Ehrenbezeigung konnte nur einem Offizier gelten, ein solcher aber war weit und breit nicht zu sehen.

„Mensch, der meint Sie!" grinste der Spieß.

Indessen merkte auch der Feldwebel seinen Irrtum. Während ich noch mit lässigem Gruß die mir unerwartet zuteil gewordene Ehrung quittierte, verfiel die Kompanie aus zackigem Parademarsch in schallendes Gelächter. Wütend ob seiner Fehlansprache – als Revierförster trug ich die Schulterstücke eines Oberleutnants, an der Mütze die silberne „Gehirnprothese" – wollte mich der Feldwebel annehmen. Nicht ohne Schadenfreude erklärte der Spieß ihm den Sachverhalt. Daß der Feldwebel mich während des restlichen Teils meiner Übung besonders scharf herannahm, konnte ich ihm nicht einmal verdenken.

Ich bin gerne Soldat gewesen, auch als Infanterist. Der harte Dienst hatte uns gestählt, wir waren selbstbewußter geworden. Wir hatten gelernt zu gehorchen und selbständig zu handeln. Uns konnte keiner, und wenn es gar zu hart wurde, dann konnten sie uns alle . . .

Beurteilungen

Wer, wie ich, über siebzig Jahre auf dem Buckel hat, wird manche Beurteilungen, sei es von Vorgesetzten oder ganz schlicht von seinen Mitmenschen, erfahren haben. Nicht immer sind sie von Unvoreingenommenheit geprägt; Sympathie und Antipathie schlagen sich in ihnen nieder, wie auch manches Vorurteil. Beurteilungen, einander oft widersprechend, begleiten uns das ganze Leben hindurch. Wobei wir nicht vergessen sollten, daß wir selbst über andere auch nicht immer ein gerechtes Urteil fällen.

Zutreffend mag das Urteil meiner Eltern gewesen sein, als sie meine noch in der Entwicklung begriffene Mentalität der meines Bruders gegenüberstellten.

Mutter hatte den Welpen unserer Pointerhündin die Ruten kupiert.

„Hier, Junge, nimm die Schwänze und grab sie ein!“

„Beerdigen?“ fragte ich.

„Ja, meinetwegen beerdige sie.“

Ich besorgte mir ein leeres Kästchen, legte es mit Silberfolie und Fichtenzweigen aus und tat die armseligen Hundeschwänzchen hinein. Traurig hielt ich ihnen eine Grabrede:

„Tröstet euch!" versuchte ich ihren Schmerz zu lindern. „Bald werdet ihr im Himmel sein, und wenn eure Hunde einst gestorben sind und auch in den Himmel kommen, werdet ihr ihnen wieder angebackt."

„Du Spinner", störte mich mein Bruder in der feierlichen Zeremonie, „solltest besser tüchtig Jauche auf das Grab gießen! Sollst sehen, da wachsen bestimmt neue Köter raus."

„Der Goede ist zu empfindsam, zu sensibel", sagte Mutter, die uns beobachtet hatte, hernach zu meinem Vater. „Er wird es schwerer im Leben haben als Ulli."

„Spinnst du schon wieder?" fragt mich noch heute manchmal meine Frau, wenn ich am Schreibtisch sitze und die Feder über das Papier gehen lasse.

Als mir Jahrzehnte später eine dienstliche Beurteilung unter die Augen kam, in der es hieß, ich sei ein schwieriger, weil zu empfindlicher Beamter, tröstete mich das Urteil meiner Eltern; vielleicht war ich empfindlich, gewiß aber empfindsam. Doch nicht jeder Vorgesetzte wußte das zu unterscheiden und goß Jauche auf ein Beet, auf dem ich gerne Rosen gezüchtet hätte.

Das Leben wäre nicht zu ertragen, würden wir von unseren Mitmenschen nur gelobt oder nur getadelt. Selbst die einzelne Tat wird gelegentlich unterschiedlich bewertet. Ich rettete ein bildhübsches, gerade sechzehn Lenze zählendes Mädchen vom Tode des Ertrinkens. Die Rettung ihrer Mutter überließ ich meiner Mutter, die ebenfalls dabei war, als die beiden in Seenot gerieten. Typisch Goede, hieß es hernach im Dorf; die Alte bekümmerte ihn nicht, für die Tochter aber warf er sich gleich ins Wasser. Ich frage Sie von Mann zu Mann, hätten Sie nach der Mutter gegriffen, wenn sich Ihnen die Gelegenheit eröffnete, die Tochter in die Arme zu nehmen? Na, also! Die Menschen haben halt immer am anderen etwas auszusetzen.

Selbst wenn man gelobt wird, muß dem nicht immer ein menschenfreundlicher Altruismus zugrunde liegen. In einer meiner Beurteilungen hieß es, ich sei als Forstmann hervorragend für den Innendienst, also für die Arbeit im Forstamtsbüro, geeignet. Es war reine Gehässigkeit des Forstamtsleiters, mir dieses Prädikat anzuhängen, wußte er doch genau, daß ich die Schreibstube haßte wie der Teufel das Weihwasser. Allerdings hatte ich ihm übel mitgespielt, nachdem er mir herrisch mehrmals auf die Füße getreten war und ich erkannt hatte, daß nichts seine Weste hätte reinwaschen können. Eines Morgens hing, sauber gerahmt, ein Spruch über seinem Schreibtisch:

Dienst du als Malbaum,
so halt stramm
und laß dich ergötzen,
daß sich an deinem harten Stamm
die Sauen scheuern und wetzen!
Ganz ohne Grund reibt sich kein Schwein,
die Schwarte ist ihm halt nicht rein.

Zwei Tage hing der Vers vor seinen Augen, am dritten Tag lag er zerrissen und mit zertrümmertem Rahmen im Papierkorb.

Ich gebe ja zu, daß es etwas unorthodox war, auf diese Weise meinen Unmut zu äußern. Als der Amtsleiter mich fragte, wer ihm den Spruch vor die Nase gehängt habe, antwortete ich ihm wahrheitsgemäß, den Spruch hätte ich mit der Schreibmaschine geschrieben, den Rahmen hätte der Angestellte besorgt und aufgehängt hätte ihn der Hilfsförster Knobbe. Verdrossen ob dieses Teamworks verließ er wortlos unsere Schreibstube. Was sollte er auch noch viel sagen, wenige Monate später wurde er fristlos aus dem Staatsdienst entlassen; er hatte, bis dahin mit dem Rohstoff Holz kunkelnd, nach der Währungsreform vergessen, wieder ein ehrlicher Mensch zu werden. Mir aber hing nach wie vor das Prädikat am Halse, besonders gut für den Innendienst geeignet zu sein.

*

Da ist es mir schon lieber, in heiklen Situationen ohne Beurteilung davonzukommen; man entgeht damit zumindest einer schlechten Note. Musikalisch eine ausgesprochene Niete, mußte ich mich mit anderen Leidensgenossen während meines zweiten Staatsexamens einer Prüfung im Waldhornblasen unterziehen. Auf die Schlachtbank, eine hübsche Anhöhe am Waldrand, wurden wir von einem liebenswürdigen Oberförster geführt.

„Meine Herren“, sagte er, „ich bin kein Unmensch und möchte ihnen allen entgegenkommen. In wenigen Minuten wird die Prüfungskommission unter der Leitung des Gaujägermeisters, des Landforstmeisters Kliefoth, hier eintreffen. Stellen Sie sich bitte in einer Reihe auf, damit wir die Herren mit dem Signal ‚Begrüßung‘ empfangen können! Nein, nicht nach Ihrer jeweiligen Länge! Ich möchte Ihnen doch helfen. Stellen Sie sich nach der Größe des Wildes auf, das jeder von Ihnen am besten verblasen kann! Wer kann Hirsch-tot? Sie, Herr Lembke? Gut, Sie kommen an den rechten Flügel! Als nächster käme dann ein Kollege, der Damwild-tot zu blasen versteht.“

Als sieben der Kollegen ihren Platz vom Hirsch-tot bis zum Kaninchen-tot eingenommen hatten, stand ich immer noch nicht in der Reihe.

„Und was ist mit Ihnen, Herr Gendrich? Was können Sie am besten blasen?“

„‚Das Ganze‘, Herr Oberförster!“

„‚Das Ganze‘, nur die vier Töne? Das ist mir zu wenig! Können Sie kein Signal blasen?“

„Nein, ich bin unmusikalisch!“

„Dann stellen Sie sich ans Ende der Reihe! Übrigens: Gaujägermeister Kliefoth kann auch nicht blasen.“

Die hohe Prüfungskommission traf ein und wurde mit dem Begrüßungssignal empfangen. Einer wie der andere meiner Kollegen blies dann hervorragend das ihm jeweils zugeteilte Signal. Als die Reihe an mich kam, gestand ich freimütig ein, nicht blasen zu können.

„Aber das gibt es doch nicht", antwortete mir der Landforstmeister Kliefoth. „Wie denken Sie sich das? Sie wollen doch gewiß einmal ein gutes Rotwildrevier übernehmen, und da müssen Sie auf den Jagden blasen können."

„Aber unser Gaujägermeister kann doch auch nicht blasen", entfuhr es mir impulsiv.

„Mein Gott, ja? Sie haben recht, auch ich bin völlig unmusikalisch. Was machen wir denn nun mit Ihnen? Sind sie einverstanden, keine Note im Waldhornblasen zu bekommen?"

„Und ob, Herr Landforstmeister!"

*

Eines Tages, ich hatte inzwischen geheiratet, besuchte uns meine Mutter in der mir kurz zuvor übertragenen Försterei. Sie kam mit dem Zug von Berlin, das letzte Ende der Strecke mußte sie mit der Kleinbahn zurücklegen. Mit ihr im Abteil saßen zwei ihr fremde Frauen, auf deren Gespräch sie aufmerksam wurde, als die beiden sich über unser Dorf unterhielten:

„Wissen Sie", meinte die jüngere der beiden, „der junge Förster in unserem Dorf ist doch ein recht eingebildeter Laffe."

„Meinen Sie den großen, schlanken oder den kleinen, korpulenten Förster, der als Sekretär auf dem Forstamt arbeitet?“

„Ach, der ist doch ein netter Kerl, immer freundlich und lustig. Nein, ich meine den hageren. Grüßen tut er ja, aber das ist auch alles. Mit dem kann man doch nicht warm werden.“

„Ich glaube, Sie kennen ihn noch nicht genug. Kürzlich besuchte er uns mit seiner jungen Frau; mir gefallen sie beide.“

„Nein, meine Liebe, mir ist der Kerl unsympathisch; der bildet sich doch sonstwas ein.“

„Entschuldigen Sie, meine Damen, daß ich Ihr Gespräch unterbreche“, warf meine Mutter ein. „Sie erwähnten soeben die beiden Forstbeamten in Grantin. Der jüngere, schlanke ist mein Sohn. Ich gebe ja zu, daß er etwas zurückhaltend ist, aber . . .“

„Mein Gott, entschuldigen Sie, gnädige Frau! Da habe ich mir ja böse den Mund verbrannt. Nein wirklich, ich kenne Ihren Sohn wohl nicht gut genug, wie meine Nachbarin gerade sagte. Bitte entschuldigen Sie meine Äußerung! Wie konnte ich auch wissen, daß . . . Schrecklich! Wie peinlich mir das ist, gnädige Frau!“

Natürlich berichtete Mutter uns sogleich belustigt von dem Gespräch:

„Aber sag mal, Junge, kannst du zu den Leuten nicht etwas netter sein?! Sei doch nicht immer so zurückhaltend!“

„Bin ich ja gar nicht. Doch dieses Frauenzimmer – nach deiner Beschreibung kann es sich nur um Frau Sadow handeln – fällt mir auf den Wecker. Wann immer sie mir auf der Dorfstraße begegnet, quatscht sie mich an. Du weißt doch, wie es auf dem Dorf zugeht; ich brauche mich nur zweimal auf der Straße mit ihr zu unterhalten, und schon heißt es, der Förster hat ein Verhältnis mit ihr. Die Frau ist mir einfach zu aufdringlich. Übrigens sagt man ihr nach, sie sei ein wenig mannstoll. Das muß nicht unbedingt stimmen, aber . . .“

„Aber sie ist nicht dein Typ“, warf Wiebke ein. „Sei doch ehrlich!“

„Nee, Wiebke, das ist sie nicht!“

Ich gebe es zu: Auch mein Urteil über Frau Sydow war nicht gerade von Unvoreingenommenheit geprägt. Sympathie und Antipathie, ich sagte es bereits, beeinflussen uns nur allzuleicht in der Beurteilung unserer lieben Mitmenschen. –

*

Gerüchte haben nicht nur fixe Beine, sie haben auch die fatale Eigenschaft, zumeist für wahr genommen zu werden. Irgend etwas wird schon daran sein, vermutet der eine und schwört alsbald der andere. So setzte ich mich selbst mit einem Scherz in die Nesseln und sorgte für ein Gerücht, das meinem Image nicht gerade dienlich war:

Von meiner Dienststelle aus fuhr ich gelegentlich mit dem Fahrrad durchs Revier zum Forstamt, um dort auf dem Büro zu assistieren. Es war Sommer, und es gab Unmengen von Blaubeeren im Revier, die auch Wiebke sich nicht entgehen lassen wollte. Eines Nachmittags, auf der Heimfahrt vom Büro, sah ich sie inmitten zahlreicher mir fremder Beerensammlerinnen hocken; ihr Korb war bereits bis zum Rand mit Blaubeeren gefüllt. Charmant und hilfsbereit, wie ich von Natur aus und auch als Ehemann bin, beschloß ich, Wiebke den schweren Korb abzunehmen. Doch dann ritt mich der Teufel:

„Guten Tag!“ wandte ich mich an Wiebke. „Dürfte ich wohl Ihren Beerenschein sehen?“

„Ach, Herr Förster“, ging Wiebke auf den Scherz ein, „ich habe noch nie einen Beerenschein besessen. Wozu soll ein solcher Schein denn gut sein?“

„Veräppeln Sie mich hier nicht! Ich werde Strafanzeige gegen Sie erstatten. Zehn Mark wird Sie der Spaß kosten. Außerdem muß ich die von Ihnen bereits gesammelten Beeren konfiszieren.“

„Da wird mein Mann aber böse sein! Haben Sie denn gar kein Mitleid mit einer armen Frau?!“

„Ich habe meine Pflicht zu tun. Her mit dem Korb! Von einer Anzeige werde ich großzügig absehen.“

Ich nahm Wiebke den Korb ab. Doch womit ich nicht gerechnet hatte – die Frauen wurden böse:

„’ne Schande ist das! – ’ner armen Frau nimmt der Kerl doch einfach die Beeren weg! – Der will sie doch allein fressen! – So billig möchte ich auch einmal an Beeren kommen! – Der Kerl sollte sich schämen!“

Ich suchte schnellstens mit unseren Beeren das Weite. Wenig später holte mich Wiebke mit ihrem Fahrrad ein, und wir amüsierten uns köstlich über das empörte Gezeter der Frauen. Die Medaille aber hatte zwei Seiten: Man sprach noch lange Zeit über mich als einen rigorosen, mitleidslosen Beamten. Dabei hatte ich zum Mißfallen meiner vorgesetzten Dienststelle in den damals von Not und Arbeitslosigkeit gekennzeichneten Jahren noch nie jemand angezeigt, der sich mühsam Beeren und Pilze sammelte und keinen entsprechenden Berechtigungsschein vorweisen konnte.

*

Viele Jahre sind seitdem vergangen. Aber glauben Sie nicht, liebe Leser, daß sich seitdem auf unseren dörflichen Bühnen im Hinblick auf den lieben Nächsten als Objekt des allgemeinen Interesses, des Klatsches und der teils üblen, teils freundlichen Nachrede auch nur das geringste geändert hätte! Noch immer blickt im Dorf jeder in jedes Fenster, mit freundlichen und mit scheelen Augen. Dem Scherz wie dem Schabernack, dem Spaß wie dem Gespött ausgesetzt, vermag auch heute noch niemand dem anderen zu entgehen. Und sein Glück oder sein Leid gereicht dem einen zur Freude und bohrt sich dem anderen als Stachel ins Fleisch.

Eines Tages glaubte ein edler Zeitgenosse, meiner Frau und mir tief ins Fleisch schneiden zu können. Wiebke bekam mit der Post einen Brief, dessen Inhalt ich Ihnen,

liebe Leser, unmöglich vorenthalten kann. Sollten Sie sich von mir schon ein leidlich ansprechendes Bild gemacht haben, so korrigieren Sie es schnellstens; der Brief offenbart Ihnen in herzerfrischender Deutlichkeit, was für ein fragwürdiges Individuum ich in Wahrheit bin:

„Geehrte Frau Gendrich!
Wissen Sie vielleicht garnicht, weshalb Ihr Mann jeden Tag in die Elbinger Straße fährt? Er blamiert Sie doch, denn die ganze Gegend macht sich lustig über seine schmachtenden Ziele, bei Wind und Dreck. Laß er hier am besten wegbleiben. Er markiert doch sonst einen besseren Menschen und gilt hier als eingebildeter Versager.“

Wir mußten tief Luft holen, bevor wir über dieses natürlich anonyme Elaborat in herzhaftes Gelächter ausbrachen. Ein wenig stolz war ich schon darauf, daß man mir noch eine oder gar mehrere Liebschaften zutraute. Schade, daß es in Wirklichkeit anders aussah! Unweit der Elbinger Straße bot sich freies Feld an, auf dem mein Dackelmann ungefährdet vom Verkehr umhertollen konnte. Daß es mir währenddessen nicht unangenehm war, mich auf unserem gemeinsamen Weg mit einer charmanten, um dreißig Jahre jüngeren Dame, die gleichfalls täglich ihren Hund ausführte, unterhalten zu können – wer wollte es mir schon verdenken! Natürlich der ominöse Briefschreiber, hätte er sich doch sonst nicht dazu aufgerafft, Wiebke zu unterbreiten, was für einen üblen Kerl sie am Halse habe.

Wiebke und ich amüsierten uns köstlich über die ‚schmachtenden Ziele', Ziele, die nicht schmachten ließen, sondern selbst schmachteten. Und die ‚ganze Gegend' tat uns fast ein wenig leid, daß sie sich selbst ‚bei Wind und Dreck' ungerechterweise nicht über mich, sondern über die ‚schmachtenden Ziele' belustigte.

„Laß ihn doch schreiben, was er will, Wiebke! Am Ende seines Machwerkes bestätigt er mir doch selbst, daß ich nur ein ‚eingebildeter', also in Wirklichkeit kein Versager bin."

„Du wirst nach wie vor den Hund an der Elbinger Straße ausführen!" kommentierte Wiebke den Brief.

„Worauf du dich verlassen kannst!"

Ja, ja, die dörfliche Bühne, liebe Leser! Sie ist noch immer alle Tage für eine Überraschung gut. Du wirst auf ihr beurteilt und du wirst auf ihr verurteilt; du bist dem einen Freund und dem anderen Widerpart; bist mal Salz in der Suppe und mal Zucker auf dem Kuchen – immer aber bist und bleibst du Teil einer Gemeinschaft, die du am Ende doch nicht mehr missen möchtest. Und schwankt dein Bild auch, von Neid und Gunst verzerrt, im Rampenlicht des Dorfes, so bemühe dich wenigstens, ‚einen besseren Menschen zu markieren'!

Polizisten sind auch Menschen

Mögen die Polizeibeamten auch von den Chaoten als Bullen bezeichnet oder von diesem und jenem Bürger mit respektvoller Distanz betrachtet werden – für uns als Jäger und Förster sind sie Verbündete im Einsatz für Wild und Wald. Seit eh und je habe ich sie als Freunde betrachtet und auch sie haben sich mir gegenüber bei vielen Gelegenheiten als solche erwiesen.

Nicht immer wies mich meine Uniform als Förster aus. Sobald ich mich ihnen jedoch vorgestellt hatte, war ich ihrer Gefälligkeit, und sei es selbst in leichtem Widerspruch zu ihren dienstlichen Obliegenheiten, sicher. Wie sie war ich Hilfsbeamter der Staatsanwaltschaft, und es ist nur allzu menschlich, daß zwei, die am gleichen Strang ziehen, einander nur ungern etwas in den Weg legen. Womit ich jedoch keine Krähen hervorlocken möchte, die einander bekanntlich nicht die Augen aushacken. Dennoch . . .

Eines Nachmittags begleitete ich meine Frau zum Einkauf in die Stadt. Als wir auf unseren Fahrrädern heimfuhren, war es dunkel geworden. Während ich eine vorschriftsmäßige Lampe an meinem Rad hatte, mußte Wiebke sich infolge eines Defektes ihrer Fahrradbeleuchtung mit einer spärlichen Taschenlampe begnügen. Gegen den einsetzenden Regen schützten uns unsere Lodenmäntel.

Kurz hinter der Stadt stießen wir auf der Bundesstraße auf einen mir unbekannten Polizeibeamten. Wiebkes unzureichende Fahrradbeleuchtung veranlaßte ihn mit Recht, uns anzuhalten und für eine entsprechende Anzeige unsere Personalien zu erfragen.

„Sind Sie der Ehemann dieser Dame?"

„Das bin ich."

„Dann geben Sie mir bitte Ihren Namen und Ihren Wohnort an!"

Ich nannte ihm Namen und Anschrift.

„Es tut mir leid, aber ich muß meiner Pflicht nachkommen."

„Machen Sie sich darüber keine Gedanken; wir respektieren Ihr Verhalten", antwortete ihm Wiebke.

„Ach ja, Ihren Beruf müssen Sie mir noch angeben", wandte der Polizist sich wieder an mich. Offensichtlich hatte er mich in meinem Lodenmantel nicht als Forstmann erkannt.

„Revierförster, ich bin Revierförster."

„Warum sagen Sie das nicht gleich! Hören Sie zu: Etwa zwei Kilometer weiter steht auf der Bundesstraße nochmals eine Verkehrskontrolle, zwei junge Kollegen, die sich gerne eine goldene Nase verdienen. Am besten biegen Sie hier von der Landstraße ab und fahren über den Landweg in Ihr Dorf."

„Soll das etwa heißen, daß Sie mich nicht anzeigen wollen?" fragte Wiebke.

„Ich werde doch nicht die Frau eines Revierförsters anzeigen. Schließlich sind wir beide doch . . .“

„Und das nennen Sie Gerechtigkeit?! Vor dem Gesetz sind wir alle gleich. Wie können Sie da eine Ausnahme machen!“

„Hör auf, Wiebke! Es würde doch nur unser Geld kosten.“

„Das hat damit gar nichts zu tun. Mir geht es um die Gerechtigkeit. Nur weil du Revierförster bist, soll ich den Vorzug haben, ohne Anzeige davonzukommen.“

„Wiebke, bitte hör auf! Du siehst doch, daß der Polizeibeamte es gut mit uns meint.“

Schließlich stieg Wiebke, wenn auch immer noch protestierend, wieder auf ihr Fahrrad. Als ich mich von dem freundlichen Polizisten verabschiedete, meinte er kopfschüttelnd:

„Sie haben aber eine komische Frau!“

Was sollte ich ihm darauf entgegnen. Widersprochen habe ich ihm nicht.

*

Einige Zeit später war ich glücklicher Besitzer eines Motorrades; es hatte bereits einige Jahre einem benachbarten Bauern gedient, immerhin erfüllte es für mich noch seinen Zweck. Wieder kam ich eines Tages vom Einkauf aus der Stadt zurück, als mir auf der Bundesstraße ein Peterwagen entgegenkam. Eine Kelle stoppte meine Fahrt, zwei „weiße Mäuse“ wollten meine Papiere und mein Krad überprüfen.

„Schalten Sie bitte das Licht Ihres Motorrades ein! Gut, und jetzt betätigen Sie bitte die Hupe! In Ordnung, und jetzt schieben Sie das Rad mit angezogener Handbremse vorwärts!“

Ich zog die Bremse an und bemühte mich mit augenscheinlicher Kraft das Motorrad zu bewegen; natürlich brachte ich es keinen Meter vorwärts.

„Lassen Sie es mich einmal versuchen!“ sagte einer der Beamten. Mit Leichtigkeit schob er das Rad an; es ließ sich nicht verbergen – die Handbremse versagte ihren Dienst.

„Nun, da haben wir es ja! Fünf Mark kostet Sie der Spaß.“

„Muß ich den Betrag sofort bezahlen?“

„Selbstverständlich!“

„Ich habe aber nur drei Mark und zwei Groschen in der Tasche.“

„Dann bekommen Sie eine schriftliche Aufforderung, einen Betrag von zehn Mark zu überweisen.“

„Finden Sie das gerecht? Ein Bürger, der als armer Schlucker nur drei Mark in der Tasche hat, muß eine um hundert Prozent höhere Strafe zahlen als ein reicher, der jederzeit genügend Geld bei sich hat.“

„Tut mir leid, wir haben unsere Vorschriften.“

„Wem sagen Sie das, ich bin selbst Beamter! Ich mache Ihnen einen Vorschlag: Sicherlich sind Sie heute früh im Streifendienst. Da könnte es Ihnen doch nicht viel ausmachen, Ihren Wagen zu wenden und sich die fünf Mark von der nur vier Kilometer entfernten Försterei abzuholen. Immerhin hätte ich dann fünf Mark gespart."

„Da könnten wir ja vielen Verkehrssündern bis ins Haus nachlaufen."

„Nicht laufen – fahren."

Die beiden Beamten lachten.

„Also gut, wir werden zu Ihrer Frau fahren. Sie folgen uns auf Ihrem Motorrad."

„Klar! Also bis dann!"

Die beiden brausten mit einem Tempo davon, dem meine alte Maschine nicht gewachsen war. Als ich fünf Minuten nach ihnen das Forsthaus erreichte, befanden sie sich am Gartentor mit meiner Frau in einem belustigenden Disput.

„Ich denke nicht daran, Ihnen fünf Mark zu geben", hörte ich Wiebke sagen. „Ausgerechnet einen Tag vor Pfingsten! Da kann ja jeder kommen. Im übrigen ist mein Mann ein so gewissenhafter Beamter, daß er niemals . . ."

„Wiebke, die beiden Herren sind im Recht, gib ihnen das Geld. Wir sparen damit fünf Mark."

„Die will ich gerade sparen."

„Wenn du nicht die fünf Mark zahlst, wird es uns zehn Mark kosten."

„Das ist doch Erpressung!"

„Nein, Wiebke! Du kannst dich bei den beiden Beamten bedanken, daß sie zu uns gekommen sind und sich das Geld abholen."

„Dafür soll ich obendrein noch dankbar sein? Das mußt du mir schon näher erläutern."

Erst als ich Wiebke den Vorfall erklärt hatte, lenkte sie ein.

„Entschuldigen Sie, meine Herren, aber den Zusammenhang, mal fünf, mal zehn Mark, hätten Sie mir schon deutlicher machen müssen. Nichts für ungut! Jetzt soll es mir auf ein Gläschen Wein auch nicht mehr ankommen."

„Danke, wir sind im Dienst! Es hat uns Spaß gemacht, uns mit Ihnen zu unterhalten. Lassen Sie nur, Sie sind schon in Ordnung! Bis zum nächsten Mal!"

*

Noch immer fuhr ich mein altes Motorrad, als ich ein Jahr später abermals in eine Verkehrskontrolle geriet. Ein mir bekannter Wachtmeister hielt mich am späten Nachmittag bei strahlendem Sonnenschein an der Kreuzung zweier Bundesstraßen an. Die Handbremse hatte ich längst in Ordnung bringen lassen; mein Krad, davon war ich überzeugt, wies keinerlei Mängel auf.

„Und nun schalten Sie bitte das Licht ein“, bat mich der Polizeibeamte. „Moment mal, das Rücklicht brennt nicht. Ihre Beleuchtung ist defekt.“

„Irrtum“, antwortete ich ihm, immer noch im Sattel sitzend. „Die Sonne scheint genau aufs Rücklicht, da können Sie gar nicht sehen, ob es brennt oder nicht.“

„Das könnte allerdings sein“, entgegnete der Beamte und kniete sich, das Rücklicht mit beiden Händen gegen das Sonnenlicht abschirmend, hinter das Motorrad. „Es brennt aber nur ganz schwach.“

„Natürlich, wie sollte es bei dem hellen Sonnenlicht auch anders sein! Bei Nacht würden Sie die Rückleuchte auf hundert Meter erkennen.“

„Meinen Sie? Nun dann - gute Fahrt und auf Wiedersehen!“

Das hätte er sich auch allein sagen können, dachte ich und setzte meine Fahrt ins Revier fort. Nach dem Abendansitz suchte ich einen Kollegen auf, um mit ihm einige dienstliche Fragen zu besprechen. Als ich mich vor seinem Forsthaus von ihm verabschiedete, war es dunkel geworden und ich schaltete den Scheinwerfer ein.

„He, Goede“, rief mir der Kollege zu, „dein Rücklicht brennt nicht! Laß dich nicht von der Polizei erwischen!“

„Das kann doch nicht wahr sein!“

„Doch, doch!“

„Mann, dann habe ich heute nachmittag den Polizisten doch glatt aufs Kreuz gelegt.“

„Da kannst du mal sehen“, flachste mein Kollege, nachdem ich ihm von meiner Begegnung am Nachmittag erzählt hatte, „wie leicht man mit Gott- und Selbstvertrauen durchs Leben kommt; man muß nur entsprechend auftreten.“

*

Das Wirtschaftswunder half auch mir, vom Krad auf einen Pkw umzusteigen. Von einer befreundeten Familie eingeladen, fuhren wir alsbald mit dem neuen Wagen über Hamburg und Blankenese nach Rissen. Kurz vor dem Abendessen trafen wir bei den Freunden ein.

„Laß deinen Käfer vor der Garage stehen!“ bat mich Hans-Günther. „Wir sind heute abend von Max Ullmann in Blankenese zum Skat eingeladen und fahren am besten mit deinem Wagen dorthin.“

„Dann fährst du aber den Wagen; ich bin im Stadtverkehr noch nicht allzu routiniert.“

Nach dem Abendessen starteten wir nach Blankenese. Draußen stürmte und schneite es. Um so gemütlicher wurde es bei Max. Schnaps und Bier gab es reichlich, das Spiel machte uns Freude, und auch unsere Frauen wußten sich angeregt zu unterhalten. Wir spielten unseren Skat zu vieren; ein Kunsthändler aus Hamburg war gleichfalls von Max eingeladen worden.

Im Eifer des Spiels lief uns die Zeit davon; weit nach Mitternacht hatte unser Spielpartner aus Hamburg keine Gelegenheit mehr, mit einem öffentlichen Verkehrsmittel nach Hause zu kommen.

„Kein Problem!“ meinte Hans-Günther. „Wir fahren Sie mit dem Wagen meines Freunds in die Innenstadt.“

„Fahrt vorsichtig!“ warf Max ein. „Ihr habt alle ziemlich viel getrunken, und ausgerechnet in dieser Woche sind scharfe Kontrollen gegen alkoholisierte Fahrer angesetzt.“

„Du kennst mich doch, Max! Am Steuer merkt mir keiner den Alkohol an.“ Hans-Günther hatte sich als Fahrer stets in bewunderungswürdiger Gewalt. Das Röhrchenpusten war seinerzeit noch nicht üblich.

Draußen herrschte immer noch Unwetter, naßkalt strich der Wind durch die Straßen und trieb dicke Schneeflokken vor sich her. Hans-Günther saß am Steuer, hinter uns saß, von unseren Frauen in die Mitte genommen, der Kunsthändler. Wir waren noch keine zehn Minuten gefahren, als wir auch schon in eine Verkehrskontrolle gerieten. Zwei Polizisten stoppten unseren Wagen.

„Ihre Papiere, bitte!“

Höflich reichte Hans-Günther einem der beiden seinen Führerschein.

„Und der Fahrzeugschein?“

„Den hat der Herr hier neben mir; der Wagen gehört ihm.“

Ich griff in die Brusttasche – und wurde jäh daran erinnert, daß ich nach dem Abendessen meine Jacke gewechselt hatte; meine Papiere befanden sich in Rissen. Was nun?

Ich stieg aus dem Wagen und versuchte, den beiden Beamten zu erklären, weshalb ich meinen Fahrzeugschein nicht bei mir hatte.

„Wieso fahren Sie in Richtung Hamburg? Sie sagten doch soeben, daß Ihr Freund in Rissen zu Hause sei."

„Das stimmt schon. Wir wollen auch nach Rissen zurückfahren, müssen zuvor aber noch einen Bekannten, er sitzt im Wagen, nach Hamburg bringen."

„Sie haben getrunken?"

„Ja, aber ich sitze nicht am Steuer."

„Wir müssen Ihre Personalien aufnehmen und auch die Ihres Freundes."

„Nun hören Sie mal zu: Ich bin Forstbeamter und habe volles Verständnis dafür, daß Sie Ihre Pflicht tun müssen. Ich mache Ihnen einen Vorschlag: Ich bleibe hier bei Ihnen als Geisel, bis mein Freund meine Papiere aus Rissen geholt hat. Sie müßten mir nur erlauben, mir zuvor einen Mantel aus dem Wagen zu nehmen; bei diesem Wetter kann ich so nicht auf der Straße stehen."

„Sie wollen wirklich solange bei uns bleiben, bis Ihr Freund Sie wieder ausgelöst hat?" fragte mich lachend der ältere der beiden Beamten.

„Gewiß will ich das."

„Schon gut, wir glauben Ihnen. Sie können weiterfahren. Das nächste Mal denken Sie aber daran, Ihre Papiere mitzunehmen!"

„Herzlichen Dank! Ich werde es mir merken.“

Wir fuhren in die Innenstadt von Hamburg, wo wir den Kunsthändler vor seiner Wohnung absetzten. Auf dem Rückweg stießen wir wieder auf die beiden Beamten, die uns zuvor angehalten hatten. Jetzt hatten sie wenigstens ein halbes Dutzend Wagen gestoppt, deren Besitzer sie offenbar einen nach dem anderen überprüfen wollten.

„Da können wir lange warten, bis wir an der Reihe sind“, sagte Hans-Günther.

„Was wird uns anderes übrigbleiben!“

„Ach was, die kennen uns doch!“

Hans-Günther scherte aus und ließ den Käfer langsam an der Kolonne der gestoppten Wagen vorbeirollen, an deren Spitze die beiden Polizeibeamten neben mehreren, offensichtlich angetrunkenen Fahrern standen. Indessen hatten uns die Beamten auch schon bemerkt, und einer von ihnen zückte, auf die Straße springend, seine Kelle.

„Mann“, rief ihm Hans-Günther aus dem offenen Wagenfenster zu, „wir sind doch die ohne Papiere!“

„Ach so, na dann gute Fahrt!“

Verblüfft schauten uns die an der Spitze der Kolonne stehenden Fahrer nach. Einen Reim konnten sie sich gewiß nicht auf diesen Zuruf des Beamten machen.

Sage mir nach so vielen angenehmen Begegnungen mit der Polizei also keiner etwas gegen unsere Gesetzeshüter!

Wohin Menschenfreundlichkeit führen kann

Hilfsbereitschaft ist eine schöne Tugend. Wir sollten sie pflegen, wo immer ein Mensch sich in Not befindet.

Das dachte ich auch, als ich eines Abends auf dem Heimweg vom Revier bei Sturm und Regen nahe unserem Dorf auf einen mit einer Plane überdeckten Laster stieß, der sich auf der verschlammten, mit Schlaglöchern übersäten Landstraße festgefahren hatte.

„Pech gehabt?" fragte ich den Fahrer des Wagens. „Allein werden Sie Ihr Vehikel nicht wieder flott bekommen. Warten Sie, ich werde einen Bauern aus unserem Dorf verständigen; er wird Ihren Wagen wieder aus dem Dreck ziehen."

„Wenn Sie das tun würden, Herr Förster – besten Dank auch! Das konnte ich wirklich nicht von Ihnen erwarten", grinste mich der Fahrer an.

„Keine Ursache! Für mich ist es kein Umweg, den Bauern aufzusuchen."

Arglos verabschiedete ich mich von dem Mann. Zehn Minuten später startete der Bauer mit seinem Trecker.

Ich hatte den Zwischenfall fast vergessen, als ich zwei Wochen später im Espenloh wiederum auf den Laster stieß, diesmal in einiger Entfernung von der Landstraße auf einem schmalen Holzabfuhrweg. Offensichtlich hatte der Fahrer gerade eine Panne behoben und war nun im Begriff, die Fahrt fortzusetzen.

„Moment mal", fragte ich ihn, nun doch stutzig geworden, „was machen Sie hier? Warum benutzen Sie nicht die öffentliche Landstraße?"

„Die ist doch kaum zu passieren, ein Schlammloch am anderen. Das haben Sie doch neulich selbst gesehen."

„Gewiß, aber nun möchte ich wissen, was Sie da unter der Plane verborgen haben. Woher kommen Sie überhaupt?"

Bevor er mir antwortete, hatte ich auch schon die Plane gelüftet – der Wagen war bis oben hin mit bestem, auf die Länge der Verladefläche zugeschnittenem Kiefern-Stammholz beladen.

„Von wem haben Sie das Holz? Sind Sie im Besitz eines Holzabfuhrscheins?"

„Das Holz habe ich aus dem Nachbarrevier; Ihr Kollege hat es mir angewiesen."

„Und der Abfuhrschein?"

„Nun ja, die Sache ist so: Ich habe mit meinem Wagen mehrmals für Ihren Nachbarn Fuhren geleistet und dafür dieses Holz bekommen; eine interne Verrechnung. Sie wissen doch . . .?"

Ich kannte meinen Kollegen zu gut, als daß ich ihm derartige Machenschaften hätte zutrauen können. Dennoch tat ich so, als schenkte ich dieser Erklärung Glauben.

„Wenn es so ist, will ich Sie nicht weiter aufhalten. Nur eine Frage noch: Hatten Sie bereits seinerzeit, als ich Ihnen den Trecker schickte, Holz geladen?"

„Gewiß! Dies ist bereits die zweite Fuhre aus dem Revier Ihres Nachbarn."

Als wir uns trennten, sah ich ihm an, daß er glaubte, mich abermals aufs Kreuz gelegt zu haben. Fahr nur, dachte ich, am Ende bist du doch der Dumme; zum einen habe ich mir das Kennzeichen deines Wagens gemerkt, zum andern ist es dein Pech, daß am Nachmittag Neuschnee fiel und ich nun ausmachen kann, woher du gekommen bist.

Wenig später stellte ich fest, daß er in meinem Revier ein Dutzend Kiefern gefällt, ausgeputzt und auf Wagenlänge zugeschnitten hatte. Am Abend rief ich meinen Nachbarkollegen an.

„Ein Lkw mit einer Plane, sagst du? Der Wagen ist uns schon seit Wochen verdächtig. Der Fahrer muß sich in unseren Revieren genauestens auskennen. Stets stellte er seinen Wagen auf den Grenzgestellen zwischen den einzelnen Revieren ab und erreichte damit, daß jeder von uns glaubte, er fahre aus dem Nachbarrevier Holz ab. Was wirst du jetzt tun?"

„Der Wagen ist in unserer Kreisstadt zugelassen. Ich fahre morgen früh dorthin und lasse von der Polizei den

Eigner des Wagens feststellen. Falls die Sache klargeht – wärest du bereit, vor Gericht als Zeuge auszusagen?“

„Selbstverständlich! Ich habe den Wagen des öfteren beobachtet und mir, nachdem der Bursche unseren Verdacht erregt hatte, entsprechende Notizen gemacht.“

Am nächsten Tag war ich beizeiten in der Kreisstadt. Den Eigentümer des Wagens auszumachen, bereitete keine Schwierigkeiten. Längere Zeit nahm es jedoch in Anspruch, die Genehmigung für eine Hausdurchsuchung zu bekommen. Als wir schließlich das Grundstück des Fahrers aufsuchten, verrieten uns nur noch eine Kreissäge und frische Sägespäne, daß hier kurz zuvor Holz zerschnitten worden war, über dessen Verbleib der Fahrer keine Angaben machen wollte. Mich hatte er angeblich noch nie gesehen.

Vor Gericht dann, die Verhandlung gegen ihn erfolgte zwei Monate später, half ihm kein Leugnen mehr. So bedrückend deren Ausgang für ihn war – schwerer noch als die ihm zudiktierten drei Monate Freiheitsentzug wog für ihn der Verlust seines vom Gericht eingezogenen Wagens –, so erheiternd wirkte auf das Gericht meine Aussage. Dem Gesetz nach, meinte lachend der Vorsitzende, hätte ich zwar bei einer Gelegenheit den Tatbestand der Beihilfe zum Diebstahl erfüllt, da ich jedoch aus „edlen Motiven“ heraus und obendrein unwissend gehandelt hätte, sei ich strafrechtlich nicht zu belangen. Allein der Angeklagte stimmte nicht in das darüber ausbrechende Gelächter ein; ihm war das Lachen vergangen.

Der Blender

Sein Wissen war enorm. Ich bewunderte ihn. Was immer ich ihn fragte, welches Thema wir auch anschnitten – Rudi Radloff wußte auf alles eine bündige und von Selbstsicherheit getragene Antwort. Jäger wie ich, kannte er sich in der Tier- und Pflanzenwelt besser aus als jeder andere. War ich wirklich einmal anderer Meinung als er, wußte er mich doch bald davon zu überzeugen, daß ich zwar im Prinzip recht hätte, es sich aber im vorliegenden Fall unter Berücksichtigung der besonderen Umstande am Ende doch anders verhielt.

Ich begann an meinem Wissen, an meiner eigenen Erfahrung zu zweifeln, so schlagkräftig und selbstbewußt wie er seine Argumente vorzutragen wußte. Sprach ich einem Hirsch in dem von uns gemeinsam betreuten Revier ein Alter von allenfalls acht Jahren zu, hielt er ihn für mindestens zehn Jahre alt. War ich im Zweifel, zu welcher Gattung diese oder jene Pflanze zu rechnen sei, und gab ich das auch offen, wenngleich verdrossen zu, beschämte er mich mit einer klaren, jeden Zweifel ausschließenden Antwort. Zeigte ich mich seinen Äußerungen gegenüber skeptisch, verwies er sogleich auf diesen oder jenen Wissenschaftler, den er als Bestätigung seines eigenen Wissens mit offensichtlicher Genugtuung zitierte.

Literarisch mußte Rudi ungemein versiert sein, gab es doch selbst außerhalb unseres beruflichen Feldes keinen Autor von Rang, über den er sich nicht seine eigene, oft kritische Meinung gebildet hatte. Mit welch dürftigem Wissen hinkte ich doch seiner überwältigenden Universalität nach!

Dennoch – wäre Ludwig Uhland nicht bereits 1862 gestorben, ich hätte wetten mögen, daß Rudi Radloff ihm als Urbild für seine Ballade Bertran de Born diente, in der es heißt: „Steht vor mir, der sich gerühmet in vermessener Prahlerei, daß ihm nie mehr als die Hälfte seines Geistes nötig sei?" Doch Rudi war kein Bertran de Born; sein Gesang hätte gewiß keine Königstochter zu Tränen rühren, sein Lied weder Perigord noch Ventadorn zum Aufruhr entflammen können. Gewiß aber schien ihm die Hälfte seines Geistes ausreichend, sich über jeden seiner Kollegen zu erheben.

Wollte ich nicht länger seine impertinente Überheblichkeit hinnehmen, der ich bis dahin, ich gebe es zu, noch unsicher und in natürlichem Respekt vor der Persönlichkeit eines Mitmenschen begegnet war, und wollte ich nicht mein bescheidenes Selbstbewußtsein einbüßen, wurde es Zeit, mir Gewißheit über seine ebenso anmaßende wie fragwürdige Beschlagenheit zu verschaffen.

Die Gelegenheit dafür ergab sich, als ich mit meiner Frau von Radloffs zum Kaffee eingeladen wurde und wir uns alsbald in einem anregenden Gespräch befanden. Während Wiebke sich mit Rudis Frau über die neueste Mode und die Erziehung der Kinder unterhielt, diskutierten wir Männer fachliche Fragen. Wie immer wußte Rudi auf alles und jedes eine unanfechtbare Antwort. Als wir uns in der Frage der biologischen Zugehörigkeit des Marderhundes zur Familie der Kaniden und seines Erscheinungsbildes im Vergleich zum Waschbären nicht einig wurden, verwies ich auf zwei entsprechende Monographien des Professors Dr. Hans Pfitzner:

„Ich nehme an, Rudi, daß dir die Arbeiten Pfitzners bekannt sind?“

„Selbstverständlich habe ich sie gelesen.“

„Und was hältst du von seiner Begründung für den Winterschlaf des Marderhundes?“

„Nun, da kann man geteilter Auffassung sein. Einerseits muß man ihm zustimmen, andererseits aber muß die Frage erlaubt sein, was ihn vermuten läßt, daß der Marderhund nicht ohne Winterschlaf auskommen kann.“

„Du meinst, er hätte diese Frage noch etwas deutlicher herausarbeiten müssen?“

„Du gibst also zu, daß Pfitzners Monographie über den Marderhund – bei seiner Arbeit über den Waschbären tritt das nicht so stark in Erscheinung – gewisse Schwächen zeigt?“

„Professor Pfitzner ist eine international anerkannte Kapazität, Rudi.“

„Ich weiß. Zweifellos hat er seine Meriten, aber wie es vielen Wissenschaftlern so geht – sie sind so sehr auf den jeweiligen Stoff fixiert, daß sie das Umfeld darüber vergessen."

„Ich weiß nicht, ob man gerade Pfitzner diesen Vorwurf machen kann. Immerhin hat er im Zusammenhang mit ernährungsphysiologischen Vorgängen besonders eingehend den Winterschlaf des Enoks behandelt. Laß uns doch einmal nachschauen – oder bist du nicht im Besitz seiner Monographie?"

„Pfitzners Monographie? Tut mir leid; die habe ich vor einigen Tagen an meinen Vetter ausgeliehen."

„Das macht nichts, Rudi! Durch unser Gespräch hat sich für mich mehr als nur die Frage nach dem Winterschlaf des Enoks geklärt."

Auf dem Heimweg von Radloffs saß ich so vergnügt pfeifend am Steuer unseres Wagens, daß Wiebke mich fragte, weshalb ich so aufgekratzt und guter Dinge sei.

„Sag mal, Mädchen, ist dir Hans Pfitzner ein Begriff?"

„Was fragst du mich?! Pfitzner, 1949 in Salzburg verstorben, komponierte die Oper ‚Palestrina', schuf Chorwerke, eine Sinfonie, ein Violinkonzert . . ."

„Und du bist sicher, daß er sich nie mit dem Winterschlaf des Marderhundes beschäftigt hat?"

„Was redest du da für einen Unsinn!"

„Ich habe den Komponisten Hans Pfitzner zum Professor und Wildbiologen gemacht."

„Jetzt verstehe ich gar nichts mehr."

„Hast du mein Gespräch mit Rudi nicht mitbekommen?"

„Ich habe mich mit seiner Frau unterhalten; auf eure Fachsimpelei habe ich nicht geachtet."

„Du weißt, wie ungemein klug der Rudi ist und daß er auf jede Frage eine durch nichts zu erschütternde Antwort weiß. Heute habe ich ihn, ohne daß er es merkte, aufs Kreuz gelegt; mir stank seine impertinente Überheblichkeit schon längst. Wir haben uns, von mir eingefädelt, über den Marderhund und den Waschbären unterhalten. Dabei habe ich mich mit blöden Argumenten auf den überhaupt nicht existierenden Wildbiologen Professor Dr. Hans Pfitzner berufen."

„Und Rudi hat das nicht gemerkt?"

„Im Gegenteil! Er kritisierte nicht nur mich, er beanstandete auch die Ausführungen Pfitzners, von dessen Monographien über den Waschbären und den Marderhund er behauptete, daß sie ihm genauestens bekannt seien."

„Er hat also mit dir ernsthaft fast eine halbe Stunde über die Arbeiten eines Wissenschaftlers debattiert, den es überhaupt nicht gibt? Das ist doch nicht möglich!"

„Rudi würde sich lieber in den Hintern beißen als eingestehen, daß ihm irgendein angeblich namhafter Wissenschaftler oder Autor unbekannt sei. Übrigens verstand er es recht geschickt, sich mit nichtssagenden Phrasen zum Thema zu äußern. Würde es tatsächlich einen Wildbiologen Pfitzner geben, hätte er mich überzeugt, dessen Arbeiten wirklich zu kennen."

„Mein Gott, muß Rudi sich am Ende blamiert gefühlt haben!"

„Wieso? Ich habe ihn in dem Glauben gelassen, daß es den Wildbiologen Pfitzner tatsächlich gibt."

„Das verstehe ich nicht. Ich hätte . . ."

„Ich weiß, du hättest ihm vor den Kopf geknallt, was für ein Windbeutel er ist. Doch weshalb hätte ich das tun sollen? Ändern wird er sich in seiner Überheblichkeit doch nicht, und mir genügt es, ihn als Schaumschläger entlarvt zu haben."

Ich habe, liebe Leser, die Debatte mit Rudi Radloff nicht erfunden; sie trug sich tatsächlich zu. Von seiner Sorte gibt es mehr Menschen, als Sie es vielleicht glauben mögen. Mißtrauen Sie Leuten, die Ihnen auf jede Frage eine Antwort geben. Allwissend ist nur der Herrgott, und vertrauen können Sie nur den Menschen, die Ihnen offen gestehen, daß sie sich nicht für alles und jedes zuständig fühlen. Und sollten Sie sich über die Zuverlässigkeit des einen oder anderen Zeitgenossen nicht klar sein, machen Sie nach meinem Rezept die Probe aufs Exempel; Sie werden erstaunt sein, wie leicht sich Scharlatane aufs Kreuz legen lassen.

Hätte es damals schon elektronische Taschenrechner gegeben, ich hätte dem Rudi rechnerisch beweisen können, was er für mich war. Wie das, fragen Sie? Nun, Sie können es ja selbst einmal probieren: Nehmen Sie Ihren elektronischen Taschenrechner zur Hand und multiplizieren Sie mit drei Stellen hinter dem Komma die Zahl 817,035 mit 9. Wenn Sie alsdann das Ergebnis auf den Kopf stellen, lesen Sie . . . Aber bitte fühlen Sie sich nun nicht selbst getroffen!

Das zweckentfremdete Grab

Seit einem Jahr betreute ich das Revier Wulfshagen. Es war eines der schönsten Reviere des Landes. Buchen- und Eichenbestände wechselten mit Kiefern- und Fichtendickungen. In den Niederungen standen wüchsige Erlen und Eschen. Endmoränen durchzogen, hier mit steilen, dort mit sanft auslaufenden Hängen, das Revier. Überall standen auf den einsamen Wegen die Fährten des Schalenwildes.

Noch kannte ich nicht jeden Winkel des viertausend Morgen großen Reviers. Mit jedem Tag offenbarten sich mir neue Bilder, stieß ich auf heimliche Einstände und tauchte in dämmerdunkle Räume ein, fern der Zivilisation, dem unruhigen Treiben der Menschen.

Eines Tages führte mich mein Weg am Fuß des Heidbergs unvermittelt an ein mir unbekanntes Hünengrab, von dem nur noch die es einfassenden, kaum einen Fuß hoch aus dem Moos ragenden Findlinge zu erkennen waren. Die Deckplatte fehlte; sie war wohl vor langer Zeit gesprengt und zum Bau eines Weges oder eines Stallfundamentes verwendet worden. Licht und Schatten liefen unter den im leisen Wind harfenden Birken über das Grab, unheimlich und dennoch faszinierend wehte es mich aus grauer Vorzeit an. Die Zeit war über das Grab hingegangen, und ich fragte mich, wen alles das Grab in schier unendlicher Geschlechterfolge schon gesehen habe mochte. Hätte ich doch den Tag wieder heraufbeschwören können, an dem vor Jahrtausenden ein Menscn hier seine letzte Ruhe gefunden hatte! Zu gerne hätte ich mehr über das Grab gewußt.

Wenige Tage später hatte ich Gelegenheit, den alten Forstmeister Reineke zu fragen, ob ihm das Grab am Heidberg bekannt sei. Ich hätte mir die Frage schenken können, verwaltete er das Forstamt doch bereits seit mehr als dreißig Jahren.

„Weiß man eigentlich mehr über das Hünengrab? Geschichtlich ist es doch zweifellos von Bedeutung."

„Sie wollen etwas über die Geschichte des Hünengrabs erfahren?"

„Nun, was kann man da schon erfahren! Daß es sich bei dem Grab am Heidberg um einen Dolmen, um ein vorgeschichtliches Steingrab, handelt, dem leider die Deckplatte fehlt, dürfte wohl klar sein. Und mehr als uns die einschlägige Literatur über die Geschichte der Dolmen zu berichten weiß, wird über dieses Grab auch nicht bekannt sein. Es sei denn, daß es von einem Archäologen untersucht und irgendein spezieller Fund gemacht wurde."

„Das kann man wohl sagen. Das Grab wurde tatsächlich untersucht, und man wurde auch fündig."

„Wann?"

„Vor zwei Jahren haben wir die Leiche ausgegraben."

„Jetzt wollen Sie mich auf den Arm nehmen, Herr Forstmeister. Das Grab ist gewiß mehrere tausend Jahre alt. Da wäre eine Leiche längst verwest; nicht einmal Knochen können Sie gefunden haben, da seinerzeit die Toten verbrannt und als Asche in Urnen beigesetzt wurden."

„Die Leiche muß ja nicht ebenso alt sein wie das Grab."

„Nun verstehe ich gar nichts mehr. Glauben Sie ernsthaft, das Grab sei in jüngster Zeit nochmals belegt worden?"

„Also hören Sie zu!" schickte sich Forstmeister Reineke verschmitzt lächelnd an, mir die Geschichte des Hünengrabs zu erzählen. „Vor zwei Jahren besuchte mich ein jagdlich passionierter Archäologe. Wenn ich mich nicht irre, lernten Sie ihn im letzten Winter anläßlich einer Jagd in Ihrem Revier kennen."

„Sie meinen den Professor Wagner von der Universität Rostock?"

„Richtig! Professor Wagner begleitete mich auf einem Reviergang, der uns auch an den Heidberg führte. Dort machte er mich auf einen tiefen Einschnitt in dem steil abfallenden Moränenhang aufmerksam und meinte, wenn ihn nicht alles täusche, müßte dieser einzig nach Süden hin offene Einschnitt vor Zeiten einer germanischen Sippe als Wohnstätte gedient haben. Dafür spräche auch das in unmittelbarer Nähe durch die Niederung verlaufende Flußbett. Kurzum, er bat mich, ihm einige Waldarbeiter an die Hand zu geben, um die vermeintliche Wohnstätte mit der von ihm erhofften Herdstelle freizugraben. Natürlich kam ich seiner Bitte gerne nach, war ich doch selbst gespannt, ob sich seine Vermutung bestätigen würde."

„Und was haben Sie gefunden? Das Hünengrab liegt doch . . ."

„Warten Sie's ab! Unweit des Heidbergs war der Forstlehrling Becker mit Läuterungsarbeiten beschäftigt. Sie müssen ihn noch kennengelernt haben, kurz bevor er zur Forstschule ging."

„Becker? Ach ja, ich erinnere mich; wir sind uns ein- oder zweimal flüchtig begegnet."

„Ich schickte Becker zu den Waldarbeitern und beauftragte ihn, sich auch selbst einen Spaten zu besorgen. Zwei Stunden später stießen wir in etwa einem Meter Tiefe tatsächlich auf die vom Professor Wagner vermutete Herdstelle; in einer sich deutlich abhebenden dunkleren Schicht aus Brandresten fanden wir sogar einige aus Feuerstein geschlagene Pfeilspitzen."

„Die Prognose des Professors hatte sich also bestätigt. Was aber haben das Hünengrab und die von Ihnen erwähnte Leiche damit zu tun?"

„Wie Sie wissen, liegt das Grab in unmittelbarer Nähe der vorzeitlichen Wohnstätte, und ich machte den Professor darauf aufmerksam. Er meinte, wenn wir schon einmal hier seien, könnten wir auch das Grab untersuchen. Viel versprach er sich nicht davon; das Fehlen der

Deckplatte ließe vermuten, daß das Grab bereits von neugierigen Amateurarchäologen geöffnet worden sei."

„Herr Forstmeister, Sie machen es wirklich spannend."

„Was mir merkwürdig vorkam", fuhr Forstmeister Reineke unbeirrt fort, „war das Benehmen des Forstlehrlings Becker. Der sich sonst so bescheiden zurückhaltende Junge versuchte, uns mit den abwegigsten Argumenten vom Öffnen des Hünengrabes abzubringen. Es sei sinnlose Zeitverschwendung, meinte er, ein längst geplündertes Grab freizulegen, auch müßte der Einschlag des Kiefernstammholzes im Jagen 34 wie vorgesehen noch heute von den Waldarbeitern beendet werden. Natürlich hörte ich nicht auf sein Geschwätz und wies ihn an, mit den Waldarbeitern das Grab zu öffnen. Nervös und offensichtlich bedrückt kam er meiner Aufforderung nach."

„Wirklich merkwürdig! Aber was sollte Becker für einen Anlaß gehabt haben, das Öffnen des Grabes zu verhindern?"

„Sie werden es gleich erfahren. Bereits in einer Tiefe von zwei bis drei Fuß stießen die Waldarbeiter auf einen federnden, borstigen Körper, dessen Zugehörigkeit zum Geschlecht derer von Sus scrofa von mir ungleich schneller festgestellt wurde als von dem sehr erstaunten Professor Wagner."

„Also war die Leiche, von der Sie sprachen, eine Sau?"

„Ja, wir förderten eine Bache, kaum anbrüchig und mit gutem Blattschuß, ans Tageslicht."

„Also war Becker der Übeltäter?“

„Natürlich! Der Junge hatte sich durch sein auffälliges Benehmen selbst verraten; blaß und verstört gab er seine Missetat auch zu. Ich hatte ihm erlaubt, einen Frischling oder einen Überläufer zu schießen, vielleicht etwas leichtsinnig von mir in Anbetracht der Unerfahrenheit des Jungen. Als er dann eine führende Bache geschossen hatte, wußte er in seiner Verzweiflung nichts Besseres zu tun, als sie in dem nahe vom Anschuß gelegenen Hünengrab beizuroden. Ob wir es wollten oder nicht, lachen mußten wir doch, als er uns in seiner Verwirrung erklärte: ‚Zweitausend Jahre hat das Grab hier unberührt gelegen, und schon zwei Tage, nachdem ich die Sau hier beirodete, kommen Sie und lassen das Grab öffnen.‘ Es war ja auch wirklich ein unwahrscheinlicher Zufall. Das Grab brachte uns im übrigen keine weiteren Erkenntnisse.“

„Und was geschah mit dem Lehrling? Zumindest war ihm doch ein Disziplinarverfahren sicher.“

„Ach wissen Sie, der Junge tat mir leid. Er war fleißig und strebsam; er wollte das gute Ansehen, das er sich in unserem Forstamt erworben hatte, nicht angekratzt sehen und kam allein deshalb auf den verrückten Gedanken, die Bache zu verbuddeln. Sollte ich dem Jungen die Karriere durch eine Anzeige vermasseln?!“

„Immerhin hätte er zu seiner Tat stehen müssen, anstatt sie zu vertuschen.“

„Gewiß, aber können Sie von einem jungen Menschen bereits eine so ausgereifte Gesinnung erwarten? Ich bin selbst einmal jung gewesen und erinnere mich nur zu gut noch daran, wie ich mich als Bengel im Forstamt meines Vaters dazu hinreißen ließ, einen Tag vor Aufgang der Jagd mit meinem Tesching einen Hasen zu schießen. Ich hatte Angst vor dem Zorn meines Vaters und verschwieg ihm den Vorfall. Verbuddelt habe ich den Hasen allerdings nicht; ich gab ihn einem unserer Waldarbeiter, der auch nie ein Wort darüber hat verlauten lassen."

„Immerhin handelte es sich nur um einen Hasen, der Lehrling aber unterschlug eine starke Bache."

„Ist das wirklich ein so großer Unterschied? Denken Sie einmal darüber nach! Im übrigen erwies sich Becker im nachhinein als ein äußerst zuverlässiger und pflichtbewußter Anwärter."

Die surrealistische Kehrseite

Da sitzen sie rund um den Stammtisch und reden sich die Köpfe heiß.

„Dem Herfinger geht es dreckig, ausgesprochen drekkig“, stellt Bonsart, der Rechtsanwalt des kleinen Städtchens, fest.

„Die Zeit ist daran schuld; die Zeit, die nichts mehr übrig hat für die Wirklichkeit in Form und Farbe, der Tier- und Landschaftsmalerei nichts mehr zu sagen vermögen, wenn sie auch nur in etwa mit dem übereinstimmen, was unsere Augen alltäglich sehen“, doziert Lehrer Anselm, der, gleich den anderen in ihrer Runde, an dem Schicksal ihres Waidgesellen, des Malers Herfinger, lebhaft teilnimmt. „Die Wirklichkeit beleidigt den modernen Menschen; selbst ihre subjektive Wiedergabe kränkt die abstrakten Seelen, die ihre verschrobenen Symbole in den fragwürdigen Äußerungen verzerrter Linien und Flächen suchen.“

„So ist es, mein lieber Anselm! Picasso und Chagall triumphieren über Leibl und Liebermann.“ Der Architekt Kehrberg haut mit der Faust auf den Tisch.

„Ich denke, daß Gott sich noch immer am stärksten in der Natur offenbart, deren ewige Schönheit durch Wort und Bild nicht genug gerühmt werden kann.“ Förster Barthold hat es leise in die hitzige Debatte geworfen.

Als man ihn, von so großen Worten peinlich berührt, erstaunt anblickt, kommentiert er verlegen: „Ich meine, es sollte der Künstler in der Natur immer wieder neue, zauberhafte Eindrücke gewinnen, um sie in ihrer unvergleichlichen Schönheit immer tiefer zu begreifen."

„Du bist wie Herfinger, Barthold! Mit eurer vermoderten Weltanschauung solltet Ihr in die Kirche gehen oder zu den Hinterwäldlern. Dort werdet Ihr vielleicht noch ein gutes Wort für Herfingers Bilder finden, mehr als einen Pfifferling aber würdet Ihr auch dort nicht erhalten", entgegnet der feiste Bierbrauer Kulmquell.

„Kinder, Kinder, ereifert euch nicht! Ist es nicht traurig genug, daß Herfinger, der uns allen in mehr als zehn Jahren ein lieber und großzügiger Jagdherr war, nun doch wohl seine Pachtjagd abgeben muß, weil er sie einfach nicht mehr bezahlen kann! Außerdem fordert die Gemeinde Uhlenhof von ihm die Begleichung des Wildschadens, eine Rechnung, die noch vom letzten Jahr her offensteht. Wenn ich auch leider kein besonderes Verständnis für die Malerei habe, so ist mir doch klar, daß Herfinger mit seinem Revier, aus dem er als Künstler die Kraft für seine Arbeit schöpfte, mehr verlieren würde als andere Jäger. Ich sprach letzte Woche mit Frau Maria und muß sagen, daß mir ihre Betrachtung der Situation nicht so ganz abwegig erschien. Sie . . ."

„Sie ist der Meinung, ihr Mann sollte sich nicht so gänzlich einem surrealistischen Stil in seiner Malerei verschließen", unterbricht Kehrberg wütend den

Rechtsanwalt. „Ich weiß, sie glaubt, er würde mit irgendeinem Machwerk der sogenannten absoluten, der gegenstandslosen Malerei das Geld verdienen, das ihnen beiden zum Leben fehlt. Nichts gegen Frau Maria! Wir alle kennen und schätzen sie als eine bewundernswerte Frau und selbstlose Gefährtin unseres lieben Herfingers. Sie spart sich buchstäblich das Brot vom Munde ab, um ihn die Not nicht spüren zu lassen, in der sie beide stecken."

„Das Atelierfest letztens war wohl auch ein Zeichen ihrer Sparsamkeit?" wirft Kulmquell giftig ein. „Sie, mein lieber Kehrberg, sollen auf diesem Fest ja den Schwanengesang einer pleiten Künstlerfamilie zelebriert haben. Mir erschien dieses Fest mehr als Ausdruck einer verantwortungslosen Leichtfertigkeit. Wer noch Rechnungen vom vergangenen Jahr unbeglichen in der Schublade liegen hat, sollte sich keine kostspieligen . . ."

„Was verstehen denn Sie von einer Künstlerseele, Kulmquell?" donnert die Faust Kehrbergs auf den Tisch. „Frau Maria hat mit der ihr eigenen intuitiven Begabung die Notwendigkeit erkannt, ihrem Gatten durch dieses Fest Auftrieb in seinem grauen Alltag zu geben. Daß Sie zu diesem Fest in dem von Maria gewünschten Sinn nichts beitragen würden und demzufolge auch nicht eingeladen wurden, entsprang einer ebenso intuitiven Erkenntnis dieser prächtigen Frau."

„Das ist doch, das ist doch . . .", schnappt Kulmquell mit zornigem Aufschrei nach Luft.

„Nun nehmen Sie doch endlich Vernunft an, Kulmquell!" Bonsart, als ältester der Runde, fühlt sich für das Gespräch verantwortlich. „Bleiben wir doch sachlich! Was steht denn im Augenblick zur Debatte? Erstens, ob Herfinger mit besserem materiellen Erfolg surrealistisch malen kann und darf, und zweitens, ob Frau Maria mit dem von ihr veranstalteten Fest wirklich einen Erfolg für ihren Gatten erwarten durfte. Bitte, das sind doch wohl die Fragen!"

„Herfinger ist kein Falschmünzer im Geistigen und kann einfach nicht surrealistisch malen." Barthold äußert es mit seiner leisen eindringlichen Stimme.

„Herfinger würde seine eigene Seele vergewaltigen", ergänzt Lehrer Anselm.

„Ein Mann muß mit jedem Mittel der ihm und seiner Familie drohenden Not zu begegnen wissen. Was heißt hier Seele? Sobald das Geld im Säckel klingt, die Seele aus dem Fegefeuer springt."

„Pfui Teufel, Kulmquell! Das konnten auch nur Sie vorbringen." Und wieder knallt Kehrberg seine Faust auf den Tisch. „Lassen Sie mich Bonsarts Fragen so kurz wie möglich beantworten. Ad 1: Herfinger hat seinem ureigenen Gesetz zu folgen. Anselm und Barthold sagten es. Herfinger kann einfach nur sich selbst malen; täte er es nicht, wäre er kein Herfinger mehr. Lassen Sie es sich gesagt sein, meine Herren: Eher entwickle ich mich zu einem Surrealisten als Herfinger! Ad 2: Frau Maria hat zweifellos das Beste mit dem Fest gewollt. Wie Sie wissen, nahm ich mit einigen der hier anwesenden Herren an dem Fest teil, und ich muß Ihnen sagen, daß ich unseren lieben Herfinger lange nicht mehr so froh und beschwingt gesehen habe wie an jenem Abend im Atelier. Hoffen wir also mit Frau Maria, daß dieser Abend Herfinger neue, schöpferische Kräfte geschenkt hat. Daß ich hingegen Frau Marias Liebäugeln mit einem modernistischen Stil schärfstens ablehne, dürfte mit der Beantwortung der ersten Frage hinreichend gesagt sein. Warten wir die Zukunft ab, meine Herren. Eines ist gewiß: Der Surrealismus wird einen Herfinger nie und nimmer aus seiner mißlichen Lage befreien."

Die Zukunft läßt nicht lange auf sich warten. Kaum hat Kehrberg seine Rede beendet, tritt sie in Gestalt des Ehepaares Herfinger in das kleine Weinlokal. Frau Maria begrüßt die Herren des Stammtisches so sprudelnd vor Übermut und Lebensfreude, daß sie erstaunt aufmerken und sich sogleich in eine Atmosphäre lauterster Heiterkeit versetzt fühlen. Auch Herfinger strahlt über das ganze Gesicht.

„Kinder, mein Gott, so froh und glücklich wie heute war ich seit langem nicht mehr! Wirt, stell Roten auf den Tisch, zwei, nein, drei Flaschen Beaujolais supérieur! Feiern wollen wir, feiern! – Meine Herren, trinken wir auf das edle Waidwerk! Ich behalte mein Revier. – Trinken wir auf das Wohl Marias! Sie hat mir das Revier erhalten. – Trinken wir auf das Wohl unseres Freundes Kehrberg! Er hat meine Außenstände beglichen und dem Surrealismus in meinem Atelier zum Durchbruch verholfen, und das mit einer ‚Leidenschaft', die einmalig ist."

Gläserklang, Stimmengewirr, Gelächter. Dann werden Fragen laut: „Was ist es, das euch so glücklich macht?" – „Was heißt es, ich hätte deine Außenstände beglichen?" – „Was soll das Wort vom Surrealismus?" – „Dein Revier, Herrgott, daß du es nun behalten kannst!" – „Frau Maria, Sie waren es?"

Und wieder ist es Bonsart, der das Gespräch in ruhigeres Fahrwasser lenkt: „Frau Maria, gnädige Frau, erzählen Sie uns von dem Glück, das Sie so unvorhergesehen überfallen hat!"

Und Frau Maria erzählt. Sie erzählt von der Not und von dem Atelierfest, von dem sie sich, sie weiß es selbst nicht recht, was versprochen habe. Sie schildert den Abend, an dem die Herren am Ende alle mehr oder minder beschwipst waren, während sie nur mühsam die nüchterne Sorge zu verbergen vermochte.

„Am Morgen nach dem Fest aber trat das unbegreifliche Wunder ein. Mein Mann schlief noch, als ich das Atelier betrat, um dort Ordnung zu schaffen. Plötzlich sehe ich auf dem Hocker vor der Staffelei meines Mannes ein mir völlig unbekanntes Gemälde liegen, dessen Thema mich in seiner vitalen, drängenden Kraft überraschte. Sogleich fand ich den Namen für diese Schöpfung: Die Leidenschaft! Ohne mich lange zu besinnen, spannte ich das kühne Werk in einen Rahmen, ließ Atelier Atelier sein und fuhr mit der neuesten Schöpfung unseres Hauses in die Hauptstadt, um das Gemälde in der bekannten Galerie des Professors Straßburger vorzustellen.

Ich sage Ihnen, meine Herren, die Arbeit schlug dort wie eine Bombe ein. Glückwünsche prasselten auf mich herab, Lob über Lob nahm ich für meinen Mann entgegen, der endlich, und das mit so glänzendem Erfolg, den Weg zur modernen Kunst gefunden habe. Summen wurden mir geboten, daß mir schwindelte. Experten kamen, nannten ‚Die Leidenschaft' eine der kühnsten Schöpfungen, kritisierten, pointierten, wiesen wieder und wieder auf die merkwürdige ‚zentrifugale Kraft' hin, die der Mitte des Gemäldes entströme und in so ‚gebundenem Gegensatz' zu den ‚subtilen Horizonten' stünde. Ja, und dann", setzte Frau Maria nun einigermaßen atemlos hinzu, „dann kam ich mit einer Summe nach Hause, die mein Mann sich nie hätte träumen lassen."

Da sitzen sie nun beieinander und können es nicht fassen, daß Herfinger in jener Nacht berühmt wurde, daß er doch eigentlich gar nicht mehr ihr Herfinger ist, weil er inzwischen einer der ‚Modernen' geworden ist. „Die Seele, die Seele!" klagt der kleine Barthold leise, und Anselm nickt traurig dazu. Der Bierbrauer Kulmquell ist eigentlich der einzige, der wirklich begeistert ist. Kehrberg? Kehrberg legt behutsam seine Faust auf den Tisch und weiß nicht, was er vor soviel Freude der Frau Maria und vor soviel Schmerz um den sich nun treulos gewordenen Herfinger sagen soll. Schließlich, um überhaupt etwas zu sagen, fragt er, was es denn mit der Bemerkung, er selbst habe dem Surrealismus in Herfingers Atelier zum Durchbruch verholfen, eigentlich auf sich habe.

Ganz still ist es geworden, als Herfinger nun aufsteht und feierlich um das Gelöbnis tiefster Verschwiegenheit bittet, bevor er diese Frage beantworten könne.

„Kehrberg, lieber, guter Kehrberg, die ‚Leidenschaft' ist nicht mein, sie ist dein Werk! Du hast dich betrunken in meinem Atelier mit deiner Kehrseite auf die noch feuchte Farbpalette gesetzt und dann auf dem Hocker vor der Staffelei Platz genommen. Auf diesen Hocker hatte Maria, um die Schäbigkeit seines Polsters zu verbergen, ein Stück Leinwand geworfen, das nun den Abdruck deines Spiegels aufnahm. Die ‚zentrifugale Kraft der Leidenschaft' aber rührt daher, daß du dich im Eifer des Gesprächs mehrmals auf dem Hocker, will sagen auf der Leinwand, mit deinem Farbgesäß drehtest. Kunst, ja, meine Herren, was ist Kunst?"

Herfinger holt tief Atem und seine Augen blitzen in Schalk und Lebensfreude den gänzlich verstörten Kehrberg an: „Schopenhauer sagt: Kunst ist stets am Ziel. Du, mein lieber Kehrberg, hast es uns mit deiner ‚Leidenschaft' bewiesen. Wer will es noch bestreiten – als Surrealist bist du der größere Künstler von uns beiden. Und dafür, daß du mich mit deiner hintergründigen Kunst aus arger Not errettet hast, gehört der beste Hirsch der Uhlendorfer Jagd in diesem Jahr dir. – Prost, meine Herren, und Waidmannsheil unserem lieben Kehrberg!"

Die Bratpfanne

Es ist Sommer. Die Sonne steht hoch am wolkenlosen Himmel. Die Luft wabert über den duftenden Kiefernkronen.

Förster Püsterich ist auf dem Heimweg von einer ausgedehnten Frühpirsch. Er trägt den Uniformrock offen, der Schweiß rinnt ihm von der geröteten Stirn.

Sein Weg führt ihn an einen einsamen Waldsee, dessen spiegelnde Wasserfläche kein Windhauch kräuselt. Wie schon in den vergangenen Tagen verführt ihn auch heute das erfrischende Naß zu einem Bad.

Schnell entledigt er sich seiner Kleidung und hüpft, nackt wie ihn der Herrgott erschaffen hat, in den See. Noch nie ist er hier einem Menschen begegnet. Wozu sollte er also eine Badehose mitnehmen?!

Vergnügt wie ein Fischotter tummelt er sich im Wasser, zieht mit kräftigen Schlägen weite Kreise vor dem sanft zum See abfallenden Ufer und schnauft und prustet übermütig wie, nun, eben wie ein vergnügter Fischotter.

Hinter dem Wald ruft die Pflugschar die Gutsarbeiter vom Feld zum Mittagessen. Für Püsterich wird es Zeit, sich anzukleiden, um pünktlich bei Rosa, seiner gestrengen Ehehälfte, zum Mittagstisch zu erscheinen. Eine Runde noch dreht er, dann gewinnt er Boden unter den

Füßen und geht auf das Ufer zu, an dem auf einer Blöße sein Drilling, sein Glas und seine Kleidung liegen.

Doch – wie peinlich! – in unmittelbarer Nähe seiner abgelegten Uniform sitzt ein Mädchen. Vielleicht zwanzig Jahre jung, blond, schlank und nur – der Anblick ist nicht übel – mit einem textilarmen Bikini bekleidet.

Püsterich denkt an seine gewichtige Rosa und freut sich des reizenden Anblicks. Zugleich aber fällt ihm siedend ein, daß es Zeit wird, nach Hause zu gehen, daß er sich zu diesem Zweck ankleiden muß und daß er . . .

Nein, Püsterich, du kannst unmöglich, so nackt wie du bist, ans Ufer gehen, dich dem Mädchen in deiner nicht üblen, hier aber recht genierlichen Männlichkeit zeigen, dich gar noch vor ihren Augen ankleiden!

Hier im Wasser aber kannst du auch nicht ewig bleiben. Vielleicht verschwindet die Kleine, wenn du dich ihr näherst? Vielleicht ist es auch für sie Zeit, zum Essen zu gehen? Wer sie wohl ist? Mein Gott, sonst bist du hier am See noch nie einer Menschenseele begegnet!

Nun schau dir das kleine Luder an; ungeniert blickt es zu dir herüber. Es sieht doch, daß dir hier das Wasser bis zum Hals steht. Aber die Kleine weiß ja noch gar nicht, daß du völlig nackt bist. Jetzt liest sie in einem Buch, schenkt dir keinen Blick mehr. Um so besser! Also vorwärts, Püsterich, Schritt für Schritt.

Doch mit jedem Schritt fällt der Wasserspiegel. Bis zur Brust, bis zum Nabel, bis zum . . .

Hol's der Henker! Jetzt guckt die Kleine schon wieder zu dir herüber. Nicht lange, aber immerhin. Noch einen Schritt, Püsterich! Und noch einen – da, ja, was liegt denn da unter deinem rechten Fuß? Rund ist es und flach, mit einem Stiel daran.

Püsterich bückt sich, taucht und kommt mit einer alten Bratpfanne wieder zum Vorschein. Püsterich strahlt. Prima, jetzt hat er ein Feigenblatt, größer und handlicher als Adam im Paradiese.

Den Stiel in der Rechten, die Pfanne vor dem Kurzwildbret, watet Püsterich ungeniert ans Ufer. Freundlich grüßt er das Mädchen. Ein sachlich musternder Blick, ein kurzes Nicken, und schon vertieft sich die Maid wieder in ihr Buch.

Das Problem aber bleibt: Püsterich muß sich anziehen, und das bedürfte artistischer Fähigkeiten, wenn seine Rechte sich nicht von der Bratpfanne lösen kann.

Püsterich ist ein höflicher Mensch, insbesondere wenn er in Verlegenheit gerät. Also stellt er sich vor:

„Püsterich!"

„Wie bitte?"

„Püsterich, mein Name ist Püsterich."

„Ah, so!" Nichts weiter, nur „Ah, so!"

„Ich bin hier der Förster."

„Aha!" Nichts weiter, nur „Aha!"

Püsterich tritt von einem Bein aufs andere. Verdammt, denkt er, wenn sie doch endlich aufhören würde zu

lesen, wenn sie doch endlich gehen würde! Sie sieht doch, daß ich mich anziehen will und hier nirgends Deckung finde.

„Sagen Sie mal“, Püsterich weiß in seiner Verlegenheit nichts anderes mehr zu fragen, „sagen Sie mal, was lesen Sie denn da?“

„Ach, das wird Sie gewiß nicht interessieren.“

„Vielleicht doch.“

„Ich bin Studentin. Während meiner Semesterferien, die ich hier auf dem Gut meiner Verwandten verbringe, lese ich viel Fachliteratur.“

„Was für’n Fach ist denn das?“ fragt Püsterich, nur um etwas zu sagen.

„Psychiatrie! Dies hier ist ein Buch über Psychoanalyse. Aber davon verstehen Sie gewiß nichts.“

„Nee, wozu ist denn das gut?“

„Die Psychoanalyse“, doziert die Kleine, „ermöglicht es mir, mich in die Gedankenwelt anderer zu versetzen, um daraus Schlüsse zu ziehen, die . . .“

„Moment mal, Fräulein, nicht so fix!“ In Püsterich arbeitet es. Mann, denkt er, wenn die Kleine Gedanken lesen kann, dann müßte sie doch wissen, daß ich die ganze Zeit nur daran denke, sie endlich verschwinden zu sehen, um mich anziehen zu können.

„Fräulein“, sagt Püsterich, „Sie wollen mir doch nicht erzählen, Sie wüßten, was andere Menschen denken.“

„Warum nicht! So schwer ist das gar nicht“, lächelt das kleine Fräulein maliziös.

„Dann sagen Sie mir doch, was ich die ganze Zeit, die ich hier vor Ihnen stehe, so denke!“

Das Mädchen mustert ihn nochmals mit einem kurzen Blick und lächelt noch um einiges maliziöser.

„Herr Püsterich, was Sie denken, kann ich Ihnen mit absoluter Sicherheit sagen!“

„Tatsächlich, Fräulein?“

„Ja, tatsächlich! Sie denken, die Bratpfanne, die Sie da in der Hand halten, habe einen Boden. – Auf Wiedersehen, Herr Püsterich! Auch für mich wird es Zeit, zum Mittagessen zu gehen.“

Das Geheimnis der numerierten Böcke

Förster Piff macht seinem Reviernachbarn einen ersten Besuch, um sich vorzustellen, wie es sich unter guten Waidgenossen so gehört.

Piff ist jung und staunt nicht schlecht über die vielen Trophäen im Jagdzimmer des mehr als sechzig Lenze zählenden Paffs.

Piff und Paff kommen ins Gespräch. Sie hacken Holz, wie man unter den Grünröcken sagt, wenn Böcke, Hirschläuse und Vorgesetzte ausschließlicher Gegenstand ihrer Unterhaltung sind.

Ein erster Kognak lockert die Zungen, ein zweiter läßt die Welt rosig erscheinen, ein dritter flößt gegenseitiges Vertrauen ein. Beim vierten wagt Piff, den alten Paff nach einer Merkwürdigkeit zu fragen, die ihm beim Anblick der Gehörne an der Wand aufgestoßen ist.

„Kollege Paff, Ihre Gehörne tragen schwarze Nummern auf den weißen Schädeln, was ich durchaus begreifen kann. Aber diese hier sind ausnahmslos mit den Zahlen I, II, III und IV gekennzeichnet. Was bedeutet das?“

Paff schenkt den fünften Kognak ein.

„Zum Wohl!“ sagt Paff, und beide kippen den Kognak hinter den grünen Binder.

Paff schenkt nach und räuspert sich. Nachdenklich mustert er den jungen Piff. Ein netter Kerl, denkt er, aber immerhin ein Nachbar, dein neuer Nachbar! Durch die Frage ein wenig der Gegenwart entrückt, schluckt er den sechsten Kognak.

Piff zieht nach und wartet geduldig auf eine Antwort.

„Tjä“, sagt Paff, „was war es doch gleich? Ah so, die Nummern! – Kollege Piff, kennen Sie Friedrich den Großen?“

„Gewiß, aber . . “

„Und den alten Dessauer kennen Sie auch?“

„Ja, doch . . .“

„Aber was der alte Dessauer den alten – nee, damals war er ja noch der junge Fritz – also, was damals, vor dem zweiten Schlesischen Krieg, der Dessauer den Fritz fragte, das wissen Sie wohl nicht?“

„Nee!“

„Er fragte recht vertraulich, wann seine Majestät zuzuschlagen gedächten.“

„Aber, Kollege Paff, was hat das mit Ihren numerierten Böcken zu tun?“

„Nicht so hitzig, junger Mann! Also der Dessauer fragte und der Fritz antwortete.“

„Was, Kollege Paff?“

„Er antwortete ihm, indem daß er ihn fragte, ob er auch schweigen könne. Und als der Dessauer beteuerte, daß er das wahrhaftig könne, beugte sich der Fritz zu ihm und sagte: ‚Dessauer, ich auch!'"

Piff wird rot, er schämt sich seiner Neugier; hätte er doch nur nicht nach den numerierten Böcken gefragt.

Aber der alte Paff ist kein junger Fritz. Dennoch – hätte nicht ein nächster Kognak seine Zunge gelöst, er würde wohlweislich hinter den mürben Zähnen zurückgehalten haben, was er über mehr als vierzig Lenze als köstlich bedrückendes Geheimnis mit sich trug.

„Piff", raunzt Paff mit schwerer Zunge, „Sie sind ein anständiger Kerl! Die andern – ich habe sie alle belogen und sie glauben lassen, ich hätte die Böcke in den vier von mir betreuten Revieren geschossen. Die mit der Nummer I in Kakeldütt, mit der Nummer II in Punschendorf – na und so fort. Aber, Piff, dem ist nicht so. Piff, Sie können schweigen? Natürlich, Piff, Sie sind ein Ehrenmann wie ich!"

„Kollege Paff", nickt Piff ergriffen, „bei Sankt Hubertus, geben Sie mir noch 'nen – hupp – noch 'nen Kognak! Auf den Fritz, Kollege Paff!"

„Also Piff, indem daß ich mit Ihnen auf den Fritz trinke – die Sache war so: Die Böcke mit der Nummer I habe ich in meinem Revier geschossen. Ist das klar?"

„Völlig klar, Kollege Paff!"

„Piff, Sie verstehen mich nicht. Ich sagte, die habe ich in meinem Revier geschossen; will sagen, als ich sie schoß, da waren wir beide in meinem Revier."

„Wer – wir beide!"

„Natürlich ich und der Bock mit der Nummer I, alle Böcke mit der Nummer I."

„Natürlich, Kollege Paff!"

„Nichts ist natürlich, Piff! Die dort, mit der Nummer II, die standen nämlich beim Nachbarn, als ich sie von meinem Revier aus schoß."

„Kollege Paff . . ."

„Schweigen, Piff, schweigen! – Ja, und die mit der Nummer III, die standen wieder in meinem Revier."

„Aber dann hätten sie doch die Nummer I bekommen müssen!"

„Irrtum, mein lieber Piff, Irrtum! Als ich die erlegte, war ich nämlich nicht in meinem Revier, sondern auf der anderen Seite der Grenze. Also bekamen sie die Nummer III. Ist das logisch, Piff? – Na also! – Und die mit der Nummer IV? Was meinen Sie, Piff? Nun denken Sie mal scharf nach, Sie sind doch ein intelligenter Mann, Piff! – Also?"

„Da, ja, da waren Sie wohl beide auf der anderen Seite, Sie und die Böcke mit der Nummer IV."

„Bravo, Piff! Ich sagte es ja, Sie sind ein intelligenter Mensch. Doch, Piff, schweigen! Können Sie auf Ehre und Gewissen schweigen?"

„Wie Sie, Kollege Paff, wie Sie!"

Unter dem Sternenhimmel

Am Heiligen Abend besuchte uns ein Gast, den ich seit Jahren nicht mehr gesehen hatte. Wir waren uns seinerzeit nähergekommen, wenngleich ich bereits damals seine Gedanken, die fast ausschließlich um die Sterne kreisten, als Schrullen eines lebensfremden Junggesellen betrachtet und seine Neigung zur Astronomie eine brotlose Kunst genannt hatte.

Bei diesem und jenem Ansitz auf Fuchs oder Keiler hatte ich mich im Anblick des funkelnden Sternenhimmels gefragt, was aus ihm wohl geworden sei und ob er den fernen, glitzernden Welten, unter denen ich mit so dürftigem Wissen stand, immer noch seine Zuneigung bewahrte. Zufällig war ich dann in einer naturwissenschaftlichen Zeitschrift auf seinen Namen gestoßen. Wenn ich recht erinnere, veröffentlichte er eine Arbeit über die Protuberanzen der Sonne, und ich hatte diese Arbeit zum Anlaß genommen, ihm über seinen Verleger eine Einladung zu schicken, der er nun bereitwillig gefolgt war.

Plaudernd saßen wir im Jagdzimmer und blickten auf den Weihnachtsbaum, dessen Lichter meine Frau nach dem Abendessen angezündet hatte. Behaglich trank ich den wohltemperierten Rotwein, zu dessen Genuß ich den Gast nicht zu überreden vermochte. Er erschien wenig verändert seit jener, viele Jahre zurückliegenden Zeit. Wohl war sein Gesicht durchgeistigter, seine Stirn strenger und ausdrucksvoller geworden, und es war mir bekannt, daß er es inzwischen zum Professor gebracht hatte – seiner irdischen Umwelt gegenüber aber war er offensichtlich so beziehungslos geblieben wie eh und je. Dennoch enthüllte ich ihm die hintergründige Absicht meiner Einladung, uns im engen Familienkreis Einblick in seinen Wissensbereich zu geben, der, wie ich lachend hinzufügte, sich für ihn nun doch nicht als eine brotlose Kunst erwiesen habe.

Mit einem kaum merklichen Anflug von Stolz kam der Professor meiner Bitte nach, wenngleich er bedauerte, daß der um das Haus tobende Schneesturm es ihm versage, seinen Ausführungen entsprechende Hinweise auf den Sternenhimmel zu geben. Nach einer allgemeinen Astrographie entwickelte er uns mit der strengen Sachlichkeit des Gelehrten die Geschichte der Astronomie.

Sein Vortrag war meisterhaft. Doch bald gefror uns das Blut in der Nähe der kalten Sterne, und begehrlich schielte ich nach der noch verschlossenen Flasche Kognak, die unter dem Weihnachtsbaum stand.

Als der Gast sich am nächsten Tag verabschiedete, war ich weder ihm noch den Sternen nähergekommen. Und meine Frau behauptete maliziös, selbst das Barometer in unserem Wohnzimmer sei, kaum daß der seltsame

Gelehrte das Haus verlassen habe, um einige Grad gestiegen.

Wäre nicht dem Weihnachtsfest die Silvesternacht gefolgt und hätte nicht in dieser Nacht der Mond mit breitem Gesicht am Himmel gestanden, ich wäre den Sternen niemals nähergekommen.

Der Wind, der noch in den Feiertagen den Schnee aus den Wolken geschüttelt hatte, war am Abend eingeschlafen. Da der Sternenhimmel blank war und der Schnee unter den Füßen vor Kälte knirschte, stopfte ich den Fußsack mit Kaff, eine Flasche Kümmel und eine Handvoll Patronen in den Rucksack, bevor ich mich, dick vermummt, mit dem Drilling auf die Moorkanzel begab. Als eine Stunde vor Mitternacht der Mond über den drei Wetterfichten stand und ihre Schatten schwarz auf den weißen Schnee warf, waren meine Füße im Kaff und der Kümmel in meinem Magen warm geworden. Meine Gedanken aber gingen wunderliche Wege.

„Hör mal, hast du nicht einen Freund, einen ganz gelehrten?“

Ich erschrak, denn ich war nicht darauf gefaßt gewesen, mitten in der Nacht in der Einsamkeit des Moores angesprochen zu werden.

„Wer spricht denn da?“ fragte ich und blickte mich verwirrt nach allen Seiten um.

„Nun, ich, der Mond!“

Ich glaubte, mich gegen diesen Silvesterscherz wehren zu müssen, und hatte bereits eine spitze Antwort auf der

Zunge, als mir einfiel, zuvor dem Mond ins Gesicht zu schauen. Es war gut, daß ich es tat, denn er lächelte mich an und meinte altklug:

„Daß Ihr Menschen euch einbildet, nur Ihr könntet sprechen! Kannst du dir nicht vorstellen, daß es mich im Laufe meines Äonen währenden Lebens nicht auch einmal verlangt, mich mit euch Neunmalklugen zu unterhalten?"

Ich gab das zu, so erstaunt ich auch war, daß er ausgerechnet mich unscheinbaren Jäger einer solchen Ehre würdigte. Oh, das habe durchaus seine Gründe, meinte der Mond und ließ sich sogar herab, sie mir zu nennen:

„Du mußt wissen, daß es mir nur unter einer bestimmten Konstellation der Gestirne vergönnt ist, mit euch zu sprechen. Es bedarf dafür verschiedener Voraussetzungen, die zu erläutern ich mir ersparen will. Daß ich mich gerade mit dir unterhalte", fuhr er gewichtig fort, „hat mehrere Gründe: Zum einen sind wir hier beide unter uns – übrigens es gefällt mir, dich in dieser Stunde unter freiem Himmel und nicht in einer eurer verräucherten Kneipen zu sehen –, zum anderen hat dir vor einigen Tagen so ein superschlauer Professor allerlei Unsinn erzählt. Es hat mir wenig gefallen, daß du seinen spinnerten Behauptungen aufgesessen bist."

„Stimmt es denn nicht, daß du eine Falte im Bauch hast? wie sagte doch der Professor – eine, ja eine Hyginusfalte."

Ich hätte das besser nicht sagen sollen. Der Mond verzog unwillig sein Gesicht und fragte mich, ob ich ihn beleidigen wolle. Obgleich ich das energisch bestritt, mußte ich ihn doch inständig bitten, mir meine Unkenntnis der Gepflogenheiten himmlischer Höflichkeit zu verzeihen, bevor er in seiner Rede fortfuhr.

„Ihr Jäger wißt um das Mysterium göttlicher Schöpfung mehr als andere, weil Ihr diesem Mysterium nahe seid, wie es vor langer Zeit die jungen naturhaften Völker waren. Ihr seht noch in den Sternen ferne Welten, zu denen nur ein Vogel gelangt, eine Seele, die lange zu fliegen vermag. Wälder, Wild und Seen glaubt Ihr dort zu finden, und Ihr greift mit euren unbefangenen Sinnen nach ihnen, wie wohl die Sehnsucht eines Dichters nach mir greift. Doch eure Gelehrten stürzten die alten Kulturen des Sternenglaubens, zerbrachen eure primitive Sinnenhaftigkeit und beraubten euch der Heimstatt von Göttern und Helden."

„Erzähl mir von den Sternen, Mond!"

„Jeder Stern hat sein Leben, jedes Leben hat seine Geschichte."

„Bitte erzähl mir die Geschichte eines Sternes!"

„Ich will dir von Orion erzählen; du siehst ihn dort im Süden, neben dem hellstrahlenden Sirius. Einst ein vortrefflicher Jäger, kühn und von männlicher Schönheit, sah Orion die Augen der Griechinnen mit Wohlgefallen auf sich ruhen. Eine der griechischen Töchter, Merope, verzauberte mit ihrer jungfräulichen Anmut das Herz des großen Jägers. Bis die Leidenschaft ihn übermannte und er Merope seinem heißen Begehren unterwarf.

Doch die Götter zürnten ihm ob dieses Frevels und nahmen ihm das Licht seiner Augen; nie wieder sollten sie die jüngste Tochter des Atlas und der Pleione kränken. Geblendet irrte Orion durch die Wälder, deren Pracht er nicht mehr zu schauen vermochte. Im Rat der Götter aber saß Diana, die Schutzherrin der Jäger. Voller Mitleid bat sie die Göttin des Lichtes, Orion die grausam geblendeten Augen wieder zu öffnen."

„Wie aber kam Orion unter die Sterne? Und warum folgt ihm Sirius auf seinem ewigen Weg?"

„Zu heiß läuft euch Jägern das Blut zum Herzen. Wohl diente Orion lange Zeit treu der göttlichen Diana, doch als ihn Eos, die Göttin der Morgenröte, mit buhlenden Blicken vom Wechsel des Wildes lockte, brach er seiner Herrin abermals die Treue und floh mit der Geliebten ins Ägäische Meer. Sirius, sein ergebener Gefährte, lenkte ihren Nachen an das Ufer einer einsamen Insel. Diana ergrimmte darüber in maßlosem Zorn und ließ ihren undankbaren Jäger durch einen Skorpion töten, als er in den Armen der Eos den Treuebruch vollzog. Dann versetzte sie ihn unter die Sterne und befahl dem Sirius, ihm treu wie ein Hund auf dem ewigen Wechsel zu folgen."

„Wenn ich recht erinnere, erzählte der Professor, auch der Skorpion befinde sich unter den Sternen, doch tauche er niemals zugleich mit dem von ihm getöteten Orion am Himmel auf. Und wie erklärst du es dir, daß unsere ach so klugen Gelehrten die Namen der Sterne richtig zu nennen wissen? Nannte doch auch der Professor den Sirius einen Stern des Großen Hundes."

„Zwei Fragen sind es, die du mir da stellst, doch will ich sie dir gerne beantworten. Als Diana Orion hatte töten lassen, schmerzte sie diese Tat, doch wagte sie nicht, ihn auf die Erde zurückzurufen; sein Geschick sollte euch Jägern eine ewige Warnung bleiben. Um aber durch den Skorpion nicht ständig an ihr hartes Urteil erinnert zu werden, versetzte sie auch ihn unter die Sterne, doch befahl sie ihm, nie wieder den Weg Orions zu kreuzen. Immer noch liebte sie ihren großen Jäger, dem sie den Anblick seines Überwinders ersparen wollte. Deine zweite Frage: Nun, ich gebe zu, daß eure Gelehrten einige der Sterne richtig zu benennen wissen. Aber gerade hieran kannst du erkennen, daß ihnen ihr dürftiges Wissen noch aus jener Zeit überkommen ist, in der die Götter noch unter den Menschen lebten. – Sag, kennst du den Perdix, den Schwestersohn des Dedalos?"

„Den Perdix, Mond? – Nein! – Doch warte, ja unsere Gelehrten nennen das Rebhuhn Perdix perdix. Die Franzosen nennen es Perdrix grise, und als ich kürzlich in Frankreich war, erzählte mir Roger, ein guter Freund, wie es zu dem geflügelten Wort ‚Toujours perdrix!' gekommen sei."

Der Mond lachte: „Ich habe ihn selbst gesehen."

„Wen hast du gesehen?"

„Nun, wen schon? Heinrich IV, den ersten Bourbonenkönig! Immer wieder hatte er neue Liebschaften.

Solange ist das noch gar nicht her, knapp vierhundert Jahre, als er befahl, seinem Beichtvater Tag für Tag gebratene Rebhühner zu servieren. Bis dieser verzweifelt ausrief: ‚Toujours perdrix!‘, immer nur Rebhühner, und Heinrich ihm lachend entgegnete: ‚Hochwürden tadeln meine vielen Amouren und lieben doch selbst die Abwechslung‘. Aber da hast du es wieder“, fuhr der Mond fort, „alles, was Ihr noch von dem Jäger Perdix wißt, ist der zoologische Name für ein Huhn. Ja“, lachte er, „den Perdix verwandelte Zeus damals in ein Rebhuhn. Ein toller Kerl war der Perdix, machte er doch selbst den himmlischen Oberherrn eifersüchtig.“

„Willst du mir nicht seine Geschichte erzählen?“

Doch der Mond lehnte meine Bitte ab: „In einer Minute wechselt das Jahr“, bedeutete er mir.

„Woher weißt du das so genau?“

„Ich weiß es! Wenn du es wissen willst, blick auf den Sirius; in der Minute des Jahreswechsels steht er im Scheitelpunkt seiner Bahn. Wenn er die Mittagslinie schneidet, dürfen wir nicht mehr miteinander sprechen. Schau, gleich ist es soweit!“

„Bitte plaudere noch mit mir!“

„Nein! Du weißt, der Mensch versuche die Götter nicht! Vielleicht später einmal.“

„Was nennst du: später?“

„In ein paar tausend Jahren – was weiß ich.“

„Und du glaubst, daß ich dann noch lebe?“

Doch der Mond schwieg unergründlich. Ich flehte ihn an, er möge mir sagen, warum der ‚Kleine Hund‘ den ‚Luchs‘ stellt, warum die ‚Jagdhunde‘ vor dem ‚Großen Bären‘ stehen und der ‚Große Hund‘ den ‚Stier‘ hetzt. Ich hatte hundert Fragen, doch der Mond schien mich nicht mehr zu hören. Er lachte mir nur freundlich mit seinem großen Auge zu und rief aus weiter Ferne:

„Gib acht auf deinen Drilling! Du schläfst, und deine Waffe rutscht Dir von den Knien.“

Weitere Titel aus dieser Reihe:

Goede Gendrich
Oh, diese Jäger
164 S., 10 Zeichnungen, Format 12×18 cm, lam., 16,80 DM
Goede Gendrich erzählt von vielen lustigen wahren Begebenheiten, die er selbst erlebte. Es sind heitere Geschichten von Jägern und Jungfern, von Schelmen und Schabernack.

Fritz von Forell
Die Tränen der lieblichen Wildsau
266 S., 34 Zeichnungen, Format 12×18 cm, lam., 14,80 DM
Jagderlebnisse voller Witz und Humor. Dabei läßt sich die Grenze zwischen wahrer Begebenheit und perfektem Jägerlatein nicht immer deutlich festlegen.

Heinz G. Mohr/Werner Harders
Aufmunterung zum Treiben
160 S., Format 12×18 cm, lam., 16,80 DM
Dem Autor fielen so mancher Vers, Gedicht, einige „Schnäcke“ und Anekdoten in die Hand. Alles wurde niedergelegt und gesammelt, weil es zum Vergessen viel zu schade war.

Heinz G. Mohr/Werner Harders
Waidgesellen! Auf die Läufe
160 S., Format 12×18 cm, lam., 19,80 DM
Ein fröhliches und gelegentlich besinnliches Lese- und Bilderbuch von Wild, Wald und Waidwerk, Reiterei, Landwirtschaft, Feuerwehr, Liebe und Ehe, Ungeziefer und Geziefer.

Erich Kuch/Fritz Meinhard
Es blasen die Sauen
128 S., 60 Zeichnungen, Format 12×18 cm, lam., 14,80 DM
Man hat die bilderreiche Jägersprache wörtlich genommen. Durch die humoristischen Doppeldeutigkeiten der jagdlichen Ausdrücke wird die Lektüre zu einem ausgesprochenen Vergnügen.

Willy Hardt
Der verbitterte Keiler
240 S., 10 Zeichnungen, Format 12×18 cm, lam., 22,80 DM
Humorvolle Geschichten über Sonntagsjäger, eine resolute Gräfin, ostpreußische Originale, Heinemann und Hegerich, solche und andere Jäger. Lustige Begebenheiten, aber kein Jägerlatein.

Heinz G. Mohr/Werner Harders
Jägersleute! Versammelt euch!
160 S., Format 12×18 cm, lam., 19,80 DM
Ein überwiegend fröhliches und gelegentlich besinnliches Lese- und Bilderbuch von Wild, Wald und Waidwerk und mancherlei drumherum.

Die Buchreihe „Humor und Jagd" setzen wir fort.